只有以学生为中心，才能把准研究的方向，解决真实问题，取得真实效果。

——马园根

九年一贯制学校

科学类课程
实验教学衔接的
研究与实践

马园根 / 著

上海教育出版社
SHANGHAI EDUCATIONAL
PUBLISHING HOUSE

图书在版编目（CIP）数据

九年一贯制学校科学类课程实验教学衔接的研究与
实践 / 马园根著. — 上海：上海教育出版社，2024.8.
ISBN 978-7-5720-3043-7

Ⅰ . G633.72

中国国家版本馆CIP数据核字第2024K0W005号

责任编辑　徐建飞
封面设计　金一哲

九年一贯制学校科学类课程实验教学衔接的研究与实践
马园根　著

出版发行　上海教育出版社有限公司
官　　网　www.seph.com.cn
地　　址　上海市闵行区号景路159弄C座
邮　　编　201101
印　　刷　上海商务联西印刷有限公司
开　　本　700×1000　1/16　印张 10.5　插页 2
字　　数　130 千字
版　　次　2024年9月第1版
印　　次　2024年9月第1次印刷
书　　号　ISBN 978-7-5720-3043-7/G·2704
定　　价　88.00 元

如发现质量问题，读者可向本社调换　电话：021-64373213

序

　　科学,作为开启人类认知世界大门的钥匙,从小学到初中,始终承载着激发学生探索欲、培养创新思维的重要使命。科学类课程,作为启迪智慧、激发创造力的重要领域,在九年一贯制学校的教育体系中占据着举足轻重的地位。从小学阶段初步探索到初中阶段深入探究,科学类课程伴随着学生的成长,为他们打开了一扇扇通往未知世界的窗户。

　　实验教学是科学类课程中最为生动、直观的教学方式,它让学生亲身体验科学的奥秘,培养学生的动手能力、观察能力和思维能力。然而,由于小学与初中在教学目标、教学方法、课程设置等方面存在明显的差异,在教学过程中发现科学类课程的教学在九年一贯制体系中出现衔接不畅等问题。这种情况不仅影响了学生学习的连贯性和系统性,也在一定程度上制约了科学教育的质量与成效。

　　基于对这一问题的认识,上海市黄浦区教育学院附属中山学校开展了九年一贯制学校科学类课程实验教学衔接的研究与实践。这项研究具有重要的现实意义和深远的历史意义。首先,它有助于实现科学教育的连贯性和系统性。通过对小学和初中科学类课程实验教学的有效衔接,让学生在不同的学习阶段都能接受系统的科学教育,避免知识的重复和断层,提高学生的学习效率和学习质量。其次,它有助于培养学生的科学素养和创新能力。实验教学是培养学生科学素养和创新能力的重要途径,通过科学类课程实验教学的衔接,可以让学生在连续的实验探究中不断提高自己的科学素养和创新能力,为他们的未来发展奠定坚实的基础。

最后，它有助于推动九年一贯制学校的课程教学革新和教育改革发展。九年一贯制学校是我国基础教育学制的重要类型，是教育改革的重要方向之一。"九年一贯，全程贯通"是九年一贯制学校的本质内涵和应有的视野，通过对科学类课程实验教学衔接的研究与实践，可以为九年一贯制学校的教育改革和发展提供有益的经验和借鉴。

书中详细阐述了九年一贯制学校科学类课程实验教学衔接的理论基础、实践策略和案例分析。从课程目标、教学内容、教学方法、评价体系等方面入手，深入探讨如何实现小学和初中科学类课程实验教学的有效衔接。通过对不同阶段科学课程目标的梳理与整合，明确小学与初中科学教学的侧重点与关联点，为教学的有序过渡搭建坚实的理论基础。通过对实验教学方法的深入研究，探索如何根据学生的年龄特点和认知水平，设计富有吸引力和启发性的实验活动，让学生在动手实践中感受科学的魅力。

书中还呈现了丰富的教学案例与实践经验，展示一线教师在实际教学中如何巧妙地实现科学类课程实验教学的衔接。这些案例不仅为广大教育工作者提供了可借鉴的范本，也为进一步推动科学教育的创新发展提供了新的思路。

对九年一贯科学类课程实验教学衔接的深入研究与积极实践，为学生打开更加广阔的科学之门，引领他们在科学的世界里自由翱翔，努力成为具有科学素养、创新精神和实践能力的未来栋梁。

期待本书能成为广大教育工作者的良师益友，为推动我国科学教育事业的蓬勃发展添砖加瓦，贡献力量。

潘国青

上海市教育科学研究院普通教育研究所学术委员会原主任

2024 年 8 月

目　录

第二章　实验教学衔接设计 / 25

第一章

概　述

第一节　科学类课程实验教学衔接研究背景

1 科学类课程实验教学衔接的时代背景

1.1 新课程落实驱动学校科学类课程重构

党的十八大以来,我国坚持把立德树人作为教育的根本任务,2014年,《教育部关于全面深化课程改革落实立德树人根本任务的意见》为全面深化课程改革指明了前进的方向,引导中小学教育向全面育人、综合育人转变,并改进学科教育的育人功能。① 在此基础上,自 2015 年起,我国结合国际课程改革的先进经验与国内基础教育的现实问题与需要,进一步确立了以发展学生核心素养为目标的课程改革方向。② 历经三年多的探索与研究,中国学生发展核心素养研究成果于 2016 年公布,构建并确立了指向三大领域六种素养十八个要点中国化学生发展核心素养体系。③ 由此,在新一轮义务教育课程方案与课程标准的修订过程中,明确突出了"聚焦核心素养"这一基本原则,并结合学科特点将核心素养具体化,

① 中华人民共和国教育部.教育部关于全面深化课程改革落实立德树人根本任务的意见[EB/OL].[2023 - 09 - 11].http://www. moe. gov. cn/srcsite/A26/jcj _ kcjcgh/201404/t20140408 _ 167226.html.

② 张华.核心素养与我国基础教育课程改革"再出发"[J].华东师范大学学报(教育科学版),2016,34(01):7 - 9.

③ 林崇德.构建中国化的学生发展核心素养[J].北京师范大学学报(社会科学版),2017(01):66 - 73.

呈现在不同学科的课程标准中。在指导教学的同时,课程开发者与一线教师也要基于核心素养进一步发展学校课程,并以能力要素或能力层级为视点将学校课程结构化,以支持学生学力的提升。①

在义务教育阶段的各学科课程中,科学类课程涉及整体性、延续性较强的学科,且各课程的学科属性与特点具有共通性,课程内容对应的能力层级具有递进性,是新课程改革视域下对学校课程结构化的重要切入点。由《义务教育科学课程标准(2022年版)》《义务教育物理课程标准(2022年版)》《义务教育化学课程标准(2022年版)》《义务教育生物学课程标准(2022年版)》可知,其皆以培养学生的核心素养为宗旨,且都指向学科观念、科学思维、探究实践、态度责任四个方面的素养内涵;都要求面向学科教学和全体学生,并加强学生的探究实践;都注重符合学生认知规律的进阶与衔接,从整体角度规划课程目标。因此,以共通的核心素养为抓手重构学校科学类课程体系,加强衔接与探究实践教学,实则是落实新课程改革的必然要求,也是落实立德树人这一根本任务的重要途径。

1.2 科学教育提质引领学校实验教学优化

实验教学是《义务教育课程方案(2022年版)》规定的重要教学内容,是科学教育培养创新人才的重要抓手,也是落实科学类课程核心素养发展的重要途径。2019年,《教育部关于加强和改进中小学实验教学的意见》提出要"努力构建与德智体美劳全面培养的教育体系相适应、与课程标准要求相统一的实验教学体系",对其进行完善,并从教师、教学、评价、教研、硬件保障等方面提出了具体的举措。② 这体现出对实验教学的全

---

① 钟启泉.基于核心素养的课程发展:挑战与课题[J].全球教育展望,2016,45(01):3-25.
② 中华人民共和国教育部.教育部关于加强和改进中小学实验教学的意见[EB/OL].[2023-09-11].http://www.moe.gov.cn/srcsite/A06/s3321/201911/t20191128_409958.html.

方位重视,也为实验教学的优化提供了可参考的切入点。

近年来,对实验教学的优化要求是伴随着科学教育提质与科学素养提升的行动而提出的。《关于加强新时代中小学科学教育工作的意见》明确科学教育要"重在实践""盘活资源""系统升级",深化学校教学改革,加强启发式、探究式教学,做好实验室保障工作,并关注不同阶段的有机衔接。① 《基础教育课程教学改革深化行动方案》将"科学素养提升行动"作为重点任务之一,提出要加强实验教学与科学教育实践活动,在做、用、创中落实中小学科学教育深化改革,发展学生的科学素养。② 虽然文件的侧重点不同,但都体现新时代背景下科学实验教学对科学教育提质、学生科学素养发展的重要影响,因此必须重视学校实验教学的进一步优化,并做出探索与实践。

综上所述,在新时代新课程改革背景的驱动下,在发展学生科学素养目标的引领下,学校科学类课程的实验教学需要进一步系统化,并关注课程间的衔接与进阶,以提高学生的学力,支持学生更高效、更高质的科学学习。

2 科学类课程实验教学衔接的现实需要

2.1 实验教学是发展学生科学素养的重要途径

提升学生的综合科学素养是科学类课程的重要目标。为了更好地了

---

① 教育部等.关于加强新时代中小学科学教育工作的意见[EB/OL].[2023 - 09 - 11].https://www.gov.cn/zhengce/zhengceku/202305/content_6883615.htm.

② 教育部办公厅.关于印发《基础教育课程教学改革深化行动方案》的通知[EB/OL].[2023 - 09 - 11].http://www.moe.gov.cn/srcsite/A26/jcj_kcjcgh/202306/t20230601_1062380.html.

解学校学生科学素养的培养现状,特开展了学生科学素养情况的问卷调查,共涉及 3～8 年级中的 631 名学生。问卷内容包含了对学生掌握科学方法、能力程度,以及学生所持的科学态度两方面情况,结果显示学校现有科学类课程的实施效果不够理想,学生除了要加强科学知识学习外,在科学方法、科学态度等方面也亟待加强培养。

结合教学实践,究其原因,在于当前的课堂实验与探究仍重形式、轻实效,探究不能用"纸笔实验题"来弥补,表面效果是通过反复训练在短期内提高了学生实验题的成绩,殊不知通过反复训练无法提升学生的探究能力和实践能力,无益于学生在未来生活中迁移知识、运用方法分析和解决新问题。实验与实践作为科学类课程的共有特点,在教学中一直处于不可替代的地位,其完整的探究过程能使学生较为全面地经历应用科学知识、使用科学方法、践行科学态度等阶段。如今存在的"假实验""假探究"让这一特点无法落地,阻碍了学生科学素养的进一步发展,因此必须在课程实施中激活并优化实验教学,探索新策略、新方法、新模式,并加强学生在实验与实践中的主体地位。

2.2 衔接教学是符合学生科学素养循序发展的教学模式

学生的科学素养不是一蹴而就的,而是在进阶的科学类课程学习、实验与实践活动中逐步形成的,其发展历程具有连贯性和层次性。然而,义务教育阶段科学类课程的学习涉及 1～9 年级学生,不但覆盖范围极广,而且跨越了生长发育、性格变化等阶段,其在认知结构、心理特征等方面随时间推移而产生较大差异。因此,不同阶段的学生、同一阶段的不同学生在科学概念的建构、科学方法的应用、科学现象的认识、科学思维的形成、态度责任的践行等方面存在能力水平的高低。所以,一方面,在整体把握义务教育阶段科学类课程内容体系的基础上,教师要基于不同阶段学生的学情,对每一阶段的学习理念、目标、内容等进行再梳理,以符合其认知发展的规律与特点。例如,小学"自然"课程基本理念主要是保护学生的好奇心,激发学生学习科学的兴趣,学生是主动的学习者,教师是学习过程的组织者、引导者和促进者;初中科学类课程("科学""物理""生命科学""化学")的基本理念主要是立足学生发展,引导学生逐步认识科学的本质,体现科学探究的精神,反映当代科学成果,对不同学段进行更为细致的甄别。

另一方面,在确立各学段课程的目标与内容后,还要立足衔接视角,进一步将其细化。然而,这一过程可能会受限于不同学科背景的教师对不同学段、课程内容的不充分把握。虽然义务教育阶段的科学类课程经历了从总到分的过程,但课程间存在紧密的联系,而不同课程的教师在专业背景、教材认识与教学实践等方面都有差异,导致跨学段、跨学科的教学产生了鸿沟。对小学自然,初中物理、化学、科学、生命科学等相关学科进行教师访谈调研后发现教师在科学类课程教学中存在如下困惑:

困惑一:学段及学科的分隔,让各学科教师对其他学科的要求"不清楚",即课程体系问题。

物理教师说,希望小学阶段开始就要加强科学方法的培养……自然教师说,如果我对初中的物理、化学等学科的要求有所了解,我想我能上得更好……

在小学学习科学的兴趣,似乎无法迁移到初中。

化学教师说,看他们在小学上自然课时对科学很感兴趣,到了初中好像就没有这种热情了……

困惑二:学科背景单一,在讲其他专业科学知识时有点"不确定",即教师问题。

科学教师说,我是学生物的,而科学学科涵盖了物理、化学、生物三个学科的内容,所以在教学中遇到物理和化学中比较专业的问题会不太确定,甚至可能会犯一些专业性错误,而这种误区一旦形成,会对学生将来学习物理、化学造成一定的负面影响……

困惑三:科学概念表述不一,有点"接不上",即教材问题。

化学教师说,科学学科中在对锌粒和盐酸反应产生的气体进行验纯时,没有将产生的氢气先进行收集再验纯,而是直接在试管口进行验纯,极可能导致气体爆炸……物理教师说,科学学科中将重力理解为地球对物体的吸引力,而物理学科中所说的重力只是地球对物体吸引力的一个分力。物理学科中讲到的安全电压是24V,而在小学自然学科中讲80V以下的电压是安全的……这些表述上的差异让学生感到有点糊涂,也让教师觉得有点"接不上"……

科学类课程作为学校科学教育的主渠道,以上访谈结果显示"合分一体"的中小学科学课程的衔接并不"无缝",整体课程优势不但没有得到显现,反而由于年段的不同、学科的不同在课程实施过程中存在许多衔接性问题。如果教师在传授科学知识的过程中存在概念不统一,甚至表述不科学的问题,不但没有形成教育合力,反而导致学生科学素养培养事倍功半。因此,教师必须主动联合,并探索各学段、课程的衔接教学,为学生科学素养的渐进发展提供有力支持。

综上所述,虽然在顶层设计层面,义务教育阶段的科学类课程对各学段做到了全覆盖,在课程标准内容的确立上体现了高向低整合、螺旋式上升的关系,共同强调了实验教学的重要性,但是在实际教学过程中跨学段、跨学科的教学仍存在鸿沟。因此,抓住实验教学这一共有、特别且重要的切入点,以此为主线串联起各学科、各年段、各课型的课程,做好衔接,以缩小甚至弥合这一鸿沟,为提升学生的科学素养建立夯实的课程基础。

第二节 科学类课程实验教学衔接研究成果概述

1 纵向衔接义务教育阶段科学类课程的实验教学

1.1 梳理整合科学类课程实验内容

对小学《自然》、中学《科学》《生命科学》《物理》《化学》五门学科教材中的所有实验进行了梳理和整合，找出不同学段科学类课程中交集的实验，确立实验衔接点，优化衔接内容，改进教学方法，并基于学生自主实验丰富课程内容，提升实验教学的整体实效。

1.2 明确科学类课程实验教学分阶段目标

在梳理课程内容的基础上，对科学类课程实验教学的分阶段目标进行梳理，并整合划分为物理、化学、生命科学三大板块，使教学目标更加科学、合理，对教师的课堂教学起到极其重要的指导作用——关注知识内容在纵向上的衔接、实验器材使用规范的逐步培养、科学方法培养的循序渐进，避免知识点在不同学段、不同学科中重复教学的现象，把更多的教学时间留给学生进行动手实验、探索、思考。

1.3 确立科学类课程实验衔接教学内容

经过对 1～9 年级《自然》《科学》《生命科学》《物理》《化学》五门教材

中的实验内容的全面梳理,根据"重复合并""递进衔接"和"拓展延伸"的原则形成了实验教学可衔接的三大板块:物理—科学—自然、化学—科学—自然、生命科学—科学—自然,并进行了 24 个专题的实践研究。

1.4 开展科学类课程实验衔接教学实践

在前期研究的基础上,为了提高实验教学的规范性和有效性,通过编写《科学类课程实验衔接教学指导手册》《科学类课程学生实验手册》使课程实施的教学目标和内容更加系统、明确,并使之具体化。

1. 设计并编写《科学类课程实验衔接教学指导手册》

以知识点为主体,将自然、科学、生命科学、物理、化学中涉及的共同实验进行梳理,明确其"学习要求""目标达成的途径和方法",以及"实验教学的建议"。研究过程中形成了多篇各年段的实验教学设计的衔接案例,用于帮助教师明确衔接知识点承上启下关系及教学策略,确保教师在课堂教学实践中统一标准,提升实效。

2. 设计编写《科学类课程学生实验手册》

引导学生回溯已学过的知识,明确知识脉络。《科学类课程学生实验手册》(以下简称《学生实验手册》)涉及小学自然以及中学科学、生命科学、物理、化学五门学科,供学生在校九年的实验活动中记录使用。《学生实验手册》分为两个单元:第一单元汇集与物理相关的实验记录单;第二单元汇集与化学相关的实验记录单。每个单元由多个不同的主题构成,每个主题将不同学段同一知识点进行衔接整合。按小学自然以及中学科学、生命科学、物理、化学的排列顺序设计实验记录单,在小学自然与中学科学实验单中最后留给学生思考、继续探究的空间,为后一学段的实验探究做好伏笔;在中学科学、生命科学、物理、化学实验单前通过问题或情景帮助学生回忆前一学段中的知识,从而为知识体系的构建形成一条无缝的衔接链。

1.5 形成科学类课程实验衔接教学的多元评价

1. 评价模式多元

在科学类课程实验衔接教学中采取主观性评价与客观性评价相结合的评价模式,对课堂实验活动、科学小制作、科学实验展示板等以主观性评价为主,其中包括自评、互评和师评三个方面;对实验报告、纸笔实验题等以客观性评价为主。主观性评价针对不同年段选用不同的评价量表。

坚持实验衔接教学的自我评价,体现"以人为本",重视学生的主体地位,倡导自己与自己比。通过自我评价,学生可以发现自己在活动中的行为差距,激励学生学习的内在动力,使其不断调节自身的行为和心理状态,进而使课堂教学效果不断提高。

互评主要有两种形式:一是以小组为单位,主要评价学生在实验活动中的积极态度、合作意识、交流意识等,以激励每个学生都能积极参与学习活动,防止一些不善言辞的学生失去锻炼机会;二是以班级乃至年级为单位,主要评价学生在科学小制作或科学实验展示板中积极的态度、科学概念表述的正确性、作品的美观性等,以鼓励每个学生能学以致用,避免出现"纸上谈兵"的现象。

2. 评价内容多元

除了学生的自评、互评等评价模式,实验课程的评价内容也呈现多元化。教师对学生采用等第与评语相结合的方式开展,主要考查学生的实践能力与创新意识等。两种评价方式相结合是形成性评价和终结性评价相结合的过程。两种评价方式相结合也是教学三维目标的需要,既要考评学生对科学概念与事实的理解,又要评价学生科学探究的方法与能力、情感态度与价值观。在一定程度上让三维教学目标都具有可检测性。两种评价方式相结合更是涵盖了科学素养各方面,其原理是基于课程标准的科学评价方式。因为实验报告、纸笔实验题能有效地测量科学性知识,更关注科学素养中的知识、技能和方法的考核。课堂实验活动、科学小制作、科学实验展示板能有效地测量学生在实验过程中的参与度,从一定程度上改变了重结果轻过程、重死记硬背轻能力培养、重课本轻实践等问题,充分发挥评估的积极作用。

3. 评价指标衔接

相比较衔接研究前的评价,即以实验报告、纸笔实验题测量科学性知识,衔接研究后的评价更关注科学素养中的实验技能和探究方法及质疑能力的评价。课堂实验、科学小制作、科学实验展示等活动中能直观地评价学生在实验过程中的参与度,从一定程度上改变了重结果轻过程、重死记硬背轻能力培养、重课本轻实践等问题,充分发挥评估的积极作用。衔接后的评价更重视学生科学思考的过程,综合考虑学生的个体差异,关注每个学生,在探究过程中进行适时、恰当的评价,并指导学生充分利用衔接过程中的客观记录,反思学习过程,使课程衔接更加有效。

1.6 提炼科学类课程实验衔接教学策略

1. 实验选择与开发策略

(1)可操作性

以学生实验为主,教师演示实验为辅,以学生自主探究为主,实验尽量让学生自己完成,在这个过程中,教师加以正确引导、点拨解疑,让学生体验实验的过程。因此,实验的选择与开发要强调可操作性,要确保学生有能力、安全地完成实验。

(2)科学性

实验的选择和开发要注重实验的科学性,要给学生正确的引导,有利于学生形成正确的科学思想、观念、认识,提升学生规范科学的实验操作能力。

（3）针对性

对不同学段、不同学科的科学领域课程的实验,要基于分阶段目标选择针对性实验。实验要有利于对学生实验器材使用规范的逐步培养、科学方法培养的循序渐进。

（4）衔接性

实验的选择与开发要根据不同学科的课程标准、学生的学情,选择衔接性实验,有利于学生的阶梯式成长与发展。

2. 衔接教学策略

（1）小学"自然"课程阶段创设情境,激发兴趣,注重观察能力的培养

实验教学并非凭空实验,教师应先创设实验教学的情景,根据小学生的身心特点和认知规律,帮助小学生建立一个有利于学习的心理环境和认知环境,从而激发起学习探究的热情,调动起参与实验的兴趣。在此基础上,教师应提供学生能直接参与的各种情景实验,让学生自己发现现象、描述现象、提出问题、解决问题,这比教师单纯讲授和个别学生或教师的演示更有效。对实验现象较多的实验,可以通过多次观察、比一比哪个小组观察到的现象更全面等方式引导注重整体观察和局部观察相结合的全面观察思想,逐渐培养起一双双善于观察、善于发现问题的慧眼,为中学科学注重实验基础技能的培养做好铺垫。

（2）中学"科学"课程阶段关注观察与操作,注重实验基础能力的培养

中学科学实验衔接教学是基于小学自然实验,又是开展中学理化生实验教学的基础,起到承上启下的作用。正因为其地位的特殊性,往往会导致以下两种困境:一种是"教得过难",只是简单地下放理化生实验内

容;另一种是"照本宣科",学生只是机械操作。为了解决这两种困境,借助《学生实验手册》,引导学生回忆小学"自然"课程中遗留的相关问题,通过分组实验,进行基本实验技能的训练和探究六要素的感悟。教师则在小学"自然"课程的基础上引导学生用科学语言描述所观察到的现象,并对实验中的现象进行初步分析,得出初步结论。不仅如此,科学课堂还可以延伸到生活,让学生意识到生活与科学的联系。

(3)中学理化生阶段关注分析、归纳和表达,注重实验能力的提升

要有效地开展理化生实验教学,教师需要对科学与理化生课程的课程标准要求进行对比,并了解学生在科学课上学到的实验技能,包括基本实验器材操作技能、实验设计能力、实验观察能力和实验表达能力。此外,还需要对学生在科学课上已开展的探究点进行了解,从而避免不必要的"伪探究"。在此基础上,不仅要用好教材上的学生实验,也要开发现行教材未涉及的实验或将教材上演示实验改为学生实验,这样学生在亲身实践过程中,操作、观察、思维能力得到综合应用和训练。不仅如此,教师还要用好课堂上的"意外",让"意外"成为课堂教学的资源和探究的起点。

通过分年段实验课程教学策略的实施,教学目标与内容得到有序落实,学生的实验知识和能力、科学素养得到有效提高,学校科学课程的实施力有了极大提升。例如,从实验教学目标上,小学"自然"课程中要求学生根据给定的实验器材和制作步骤经历看一看潜望镜的结构,做一做潜望镜,画一画光的传播路径,知道平面镜能改变光的传播路径。基于这一基础,在七年级"科学"课程中我们将传统的视频或情景引入改为忆一忆潜望镜的结构,试一试用平面镜来改变光的传播方向。相比传统的教学增加了学生动手的机会,丰富了学生的感性认识,节约了课堂的引入时间,给探究光发生反射时,反射角与入射角的大小关系留出了更多的时间,通过对反射角、入射角大小的科学表述,让学生关注因果关系,易于学

生思维的激发和碰撞。八年级"物理"课程中,虽然光的反射定律不属于学生实验,但是学生在科学课上探究了光的反射定律中关于角的关系,并且能清晰地描述结论,因此可以借助《学生实验手册》帮助学生回忆结论,利用实验器材设计、验证角的规律,这样既是对已有知识的温故知新,又给实验探究规律留出了足够的时间,更能通过实验反思,理解法线并非为了确定入射角、反射角的一条辅助线,有利于学生从本质上理解法线的作用。最后学以致用,通过规范的作图解释潜望镜的工作原理,与小学"自然"课程中制作潜望镜相呼应,完善学生的知识体系。

实验衔接教学中需要积极创建学生直接参与的实验,即内容应以学生实验为主,教师演示实验为辅,尽量让学生自己完成。在这个过程中,教师只是加以正确引导、点拨解疑,让学生自己尝试实验的成功与失败,体验实验过程。实验过程中要求学生根据《学生实验手册》如实记录实验现象或数据,在教师引导和同伴互助下得出结论。如有需要可以让学生简述实验过程,通过对问题现象(或课堂上生成的问题)的分析来加深对实验的认识。

2 横向统整以实验为特色的科学类基础型、拓展型和探究型课程体系

2.1 形成以实验为特色的科学类课程群课程方案

在顶层设计的指导下,构建起相应拓展型、探究型课程,以及活动类课程。在此基础上完成学校以实验为特色的科学类课程群的课程方案。

1. 课程目标

增强对科学的好奇心,形成对科学的内在兴趣,养成主动学习的习

惯;养成敢于批判和质疑的科学精神及求真求实的科学态度;掌握基本的科学概念、原理和技能;初步具备科学探究和解决问题的能力;善于表达沟通,具有合作的意识和能力;了解科学、技术与社会的相互关系,初步具备对社会和个人生活中有关科学技术问题进行决策的能力;爱护环境,珍惜资源,尊重生命,形成包容多元文化的开放意识。

2. 课程结构

以实验为核心的科学类课程群结构图:

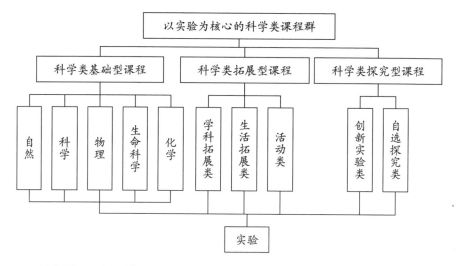

科学类基础型课程是指小学自然以及初中科学、生命科学、物理、化学五门显性国家科学课程。

科学类拓展型课程(学科拓展类实验课程)是对基础型课程的拓展。这部分实验课程,是对基础实验的拓展,一部分来自教师自主开发的实验,另一部分是由教师演示实验转化而来的学生拓展实验。生活拓展类实验课程,强调的是科学与生活的联系,由生活中的实验构成;活动类实验课程,主要是在学校"科技节"、春秋游主题活动中开发的实验课程。

科学类探究型课程(创新实验类课程)是基于学校的科学创新实验室

的主题性实验课程,其主题是跨学科领域的,其实验是综合性的,其性质是探究性的,是进行主题式探究的学科综合课程,注重培养学生综合运用科学的能力和方法;自选探究类实验课程,是学生根据自身特长和兴趣,自主确立探究小课题,进行科学类课题的探究。

3. 课程实施策略

(1) 强调衔接

在课程实施过程中强调衔接,以此提高课程实施的有效性。通过基础型课程的校本化实施和建设,在课程内容和教学模式等方面加强衔接,通过构建衔接性拓展型和探究型课程序列,发挥科学类课程"分合一体"的课程优势,以建设三类课程的横向统整、纵向衔接的课程群。

(2) 强调丰富

要丰富课程的内容,拓宽培养学生科学知识认知水平和能力的渠道。科学素养的培养仅靠基础型课程是不够的,需要通过相配套的拓展型课程进行知识拓展,特别是生活中科学知识的学习,激发学生学习科学的兴趣和愿望,掌握更多的科学知识;通过相配套的探究型课程,更好地培养学生的科学探索能力、科学精神、科学态度等。

(3) 强调实验

要以科学实验为主要落脚点,在课程建设和实施中发挥学生的主体作用,强化学生的动手实践能力。相较科学知识的学习,学生的科学探索能力和实践能力较弱。因此,实验是加强学生动手实践的良好载体,可以为学生提供更多实践的机会。

(4) 强调自主

要在课程实施中关注学生学习的自主性,激励学生不断发现问题、解决问题,并给予一定的时间与空间。针对学生所反映的解决问题的能力较弱的情况,我们要求教师就这方面的课程目标开展教学方法的研究。

（5）整合资源

要尽可能整合学校资源、校外资源，为拓展学生的学习空间和时间提供课程保障。结合学校科技节与校外科学场馆等，做好资源整合，可进一步提升课程质量，为学生提供更广阔的学习空间和学习体验。

4. 课程评价策略

（1）对学生的评价

在基础型科学类课程实验活动中采取多元评价主体（如自评、互评、师评）；评价的方式与工具多元化，课堂观察、口头提问、课堂活动学习单、课堂讨论、练习、测验等构成学习中的表现性评价，利用信息化平台建立学生学习成长档案袋，收集学生学习过程中的所有资料，形成综合性评价。

自评：坚持让学生每次都对自己在课堂实验活动中的表现进行自我评价，通过自我评价学生可以发现自己在活动中的行为差距，激励学生学习的内在动力，使其不断调节自身的行为和心理状态，进而使课堂教学效果不断提高。

互评：以小组为单位活动，主要评价学生的积极态度、合作交流、任务意识等，以激励每个学生都能积极参与学习活动。

师评：师评采用等第与评语相结合的方式，主要考查学生的实践能力与创新意识等。

（2）对教师的评价

"一专多能"是现代教育对现代教师的要求，承担一门基础课、开设一两门拓展课、指导探究活动是我校科学类课程教师必备的基本教学能力。教师授课评价主要以学生的满意程度、学生学习成果展示状况和学习过程指导状况为依据。教导处根据授课教师的教学方案、考勤记录、学生关于教师授课情况反馈进行全面评价。

（3）对课程的评价

学校对课程的开发有专门的审核小组，根据学校"课程管理条例"对课程的目标、内容、实施、评价等方面进行综合考评，同时会反馈修改意见，通过评审的课程才能开设。课程实施结束后，根据学校的"课程管理条例"中"课程设计""实施情况""课程成果""学生评价"四个方面进行考核评价。淘汰不合格课程，反馈评价意见，帮助教师进一步完善课程。

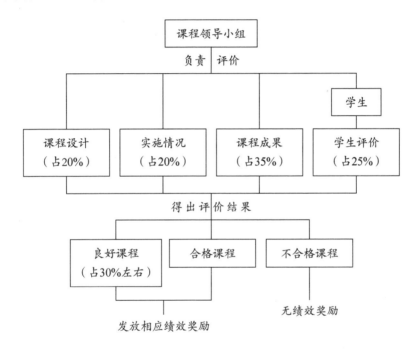

2.2 完成一批高质量拓展型和探究型课程的开发

教师发挥各自所长，紧紧围绕我们的课程理念，开发一批有利于培养学生科学素养的实验课程。这些课程呈现这样几个特点，即拓展型和探究型课程"互补"；不同学段、学科"衔接"；学科分布上"均衡"。以下是形成的部分拓展型和探究型课程。

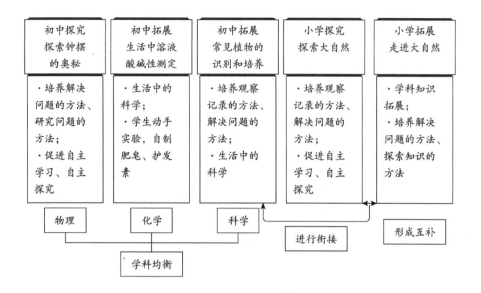

3 协调校内外科学类课程的实验资源开发和应用

3.1 建设校内科学类课程实验教学资源库

建立起相配套的学生《科学类课程实验记录手册》,研究创设相配套的学校科学创新实验室,收集、开发科学类课程教学中的教学资源,包括微课、公开课、教案、拓展学习链接等,建设学校科学类课程资源库。

3.2 开发配套实验室资源

为了让学生直接参与实验,我们学校提供了更好的硬件支撑,如创建了科学创新实验室,其面积约为 120 m^2,相当于两间普通教室,可供小学和中学各一个班级学生同时进行创新实践活动。从功能上主要分成两个区域:汇报展示区和实践创新区。汇报展示区,类似小型阶梯教室,给学生进行小实验成果的汇报、展示或开设一些讲座。实践创新区分小学区和中学区,主要为3～9年级学生实验教学环节服务,小学区强调观察和体验,中学区主要配备 DIS 设备系统,DIS 设备系统中的一系列传感器设备(如压强传感器、力传感器、温度传感器等)和与之相配套的电脑设备,按照每个班级 32 人进行配置,从而满足 6～9 年级学生在科学类、更高层次定量实验的需求。目前学校还配套建成了 2 个创智空间,其中包括小学自然创智园,服务于小学自然教学需求,集学生作品展示与教学的双重功能。还有一个数理创智园,将更好地为物理学科教学服务。下阶段我们将继续打造创智空间,将进一步建造和完善科学、生命科学、化学的实验空间。

3.3 联动学校德育与科技活动

德育方面,学校设计并开发了《学生春秋游基地实践指导手册》,整合校外科学类课程资源和学校德育活动,进行课程时间与空间的拓展。以下是《学生春秋游基地实践指导手册》的设计框架:

年段	实践基地	实践活动任务单
1～2 年级	昆虫博物馆、野生动物园、海洋水族馆、辰山植物园、共青森林公园、航海博物馆	实践活动任务单根据年级不同,要求及任务难度逐步增加,循序渐进
3～4 年级		
5～7 年级	增加:上海科技馆、民防教育基地、佘山天文台、东平国家森林公园	
8～9 年级		

　　科技活动方面,学校将科技节与各学段的教学内容进行整合,根据不同年级学生的特点,分学段设计了丰富多彩的科技活动,激发学生兴趣,增长科学知识,培养科学精神。以下是学校科技节相关活动的设计:

主题活动名称	适合的学段	与科学教材的整合点
创意木棒搭结构	三年级	三年级《自然》"力的承受"
一张纸可以做多长的纸棒(头脑OM竞赛)		
纸飞机定点空投硬币	四年级	四年级《自然》"物体的运动"
"我爱大自然"自然笔记竞赛	五年级	五年级《自然》"生物世界"
环保小制作——利用废旧材料制作创意太师椅	六年级	六年级《科学》"垃圾的分类"和《劳动技术》"环保制作"相结合
雾霾天气呼唤清洁能源——太阳能罐的制作	七年级	七年级《科学》"能源"
蝴蝶艺术标本的制作	八年级	八年级《生命科学》"环节动物——昆虫"
多肉植物微景观设计		八年级《生命科学》"植物的类群"

4 形成"小初衔接"联合教研的有效策略与机制

　　为更好地促进理化、综合理科教研组的合作研修,融合备课组对义务教育阶段科学类课程中实验内容的认识与探索,开展并落实"小初衔接"

联合教研机制和策略的研究。

1. 有效策略

（1）进行衔接需求分析

要进行有效的"小初衔接"，就必须通过调研、访谈等方法对衔接中存在的问题进行了解，分析衔接过程中存在的问题、存在的共通点。基于实证开展需求的分析，才能准确把握教师在教育教学以及在他们专业发展中的真正需求，让教师自愿投入"小初衔接"的教研活动，让联合教研有现实价值和意义。

（2）构建教研组共同愿景

"小初衔接"联合教研组的建立，前提条件是教研组教师拥有共同的愿景。这个愿景源于教师对教育教学中遇到的困惑与问题的解决需求，归于教师自身专业发展的需求。"小初衔接"联合教研组一旦形成共同发展愿景，将营造有利于调动教师激情和智慧的心理环境，就能将学校管理的要求内化为教师自我发展、精神愉悦的需求。

（3）以主题切入，以项目研究为抓手

形成的共同愿景必须具象为一个可切入的主题，这样才有可操作性。主题的选择要基于共同愿景，且要具体。

比如，理化组与综合理科组在联合教研中确定的主题为"以实验为衔接点的课程衔接"，该主题切入点明确、具体易操作。但是，光有主题没有具体任务安排将会使联合教研流于形式，因此必须以项目研究为抓手。以项目研究为抓手的优势是：有利于细化任务，促进主题的细化与深入开展；有利于联合教研活动的有序开展，项目研究都有时间安排表，按照安排表开展联合教研，可以确保联合教研活动的有序和有效；有利于开展深度合作，在任务驱动下，可以促使小初各教研组、各学科教师开展深入合作，增进彼此了解，使联合教研有效开展；有利于达成共同愿景，项目研究都有目标,随着共同研究的深入和推进,在达成研究目标的同时,也是在达成共同愿景,实现教师的发展需求,可以让教师对联合教研更有信心、更有需求。

(4) 沉浸式融合,促进深度合作

"小初衔接"的联合教研必须促进各学科教师沉浸式融合,促进他们开展深度合作。要沉浸,就要让教师互相走进对方的课堂,深入研究对方的教学目标、教学内容、教学方法、学生学法、教学评价等具体内容,共同备课、听课、评课、同课异构,来增进彼此了解,这样的深度合作才能产生有效成果,才能让"小初衔接"的联合教研发挥其最大价值。

2. 有效机制

(1) 实施教研活动主题引领衔接机制

在开展教研组活动时应建立教研活动主题衔接教研机制,这是持续推进"小初衔接"联合教研组建设的有效途径。

(2) 实施教研活动合作分享衔接机制

合作分享衔接机制是加强教研组"小初有效衔接"的重要措施。教师的成长离不开其他教师给予的合作与支持,因此实施教研组合作分享衔接机制,不应局限于相同学科教研组教师之间的合作分享,在不同学科教研组教师之间也存在合作分享,同时它还包含教师与学生、教师与社会等多个维度。

第二章

实验教学衔接设计

第一节　自然—科学—物理

主题一　热传递

1.1 教学衔接内容分析

教材来源	学习要求	目标达成的途径和方法
三年级《自然》第一学期 7.1 热传导 7.2 热对流	1. 知道热量会沿着物体从温度高的一端传到温度低的一端。 2. 知道不同材料的导热本领不同。 3. 知道水和空气靠对流的方式传递热量	1. 通过比较不同调羹上黄油熔化的先后顺序,知道不同材料导热本领的差异。 2. 通过不同形状金属棒上火柴掉落的先后顺序,知道热由温度高的部分传到温度低的部分。 3. 通过观察高锰酸钾和墨汁的颜色在加热的水中扩散的情况,知道水传递热量与金属棒等固体传热的差异。 4. 通过观察蚊香的烟在塑料瓶中的流动情况,知道空气传递热量的特点

（续表）

教材来源	学习要求	目标达成的途径和方法
六年级《科学》第二学期 6.4 热传递	1. 知道热在固体中主要以传导的方式传递，区分热的良导体和热的不良导体。 2. 知道热在空气和液体中主要以对流方式传递。 3. 通过实验直观了解对流传热的过程	1. 创设情境，认识生活中的热传递现象。 2. 通过实验并结合图示讲解，认识热在固体中主要以传导的方式传递；通过实验现象对不同材料的导热性进行对比，从而区分热的良导体和热的不良导体。 3. 观察水和空气的导热性实验，认识热在水和空气中主要以对流的方式进行传递，并结合图形直观地认识对流
八年级《物理》第二学期 5.2 热量 比热容 第2课时	1. 理解热量的概念，知道物体吸收热量与哪些因素有关，知道热量的单位。 2. 知道比热容是表示物质吸热本领大小不同的物理量	根据生活经验猜想物体吸收的热量与哪些因素有关，设计控制变量的实验方案并进行实验，对实验数据进行分析、比较、归纳，经历比热容概念的建立过程

1.2 衔接实验设计说明

实验名称	实验来源	实验设计说明
实验一　比较不同调羹热传导本领的大小	三年级《自然》第一学期 7.1 热传导 7.2 热对流	热现象普遍存在于自然界中，也是学生能直接感知的物理现象。小学阶段的实验重点是指导学生对实验现象的观察和描述，能记录实验现象并猜测水和气体传热的特点。实验中须强调安全教育，尤其是学会使用酒精灯加热物体。在其他实验器材的选择上多以生活中出现的调羹、黄油、饮料瓶、蚊香等学生熟悉的东西进行实验。
实验二　不同形状金属棒的传热方向		
实验三　水传热的方向		
实验四　空气传热的方向		
实验五　热在金属棒中的传递	六年级《科学》第二学期 6.4 热传递	在中学《科学》中，实验器材有了很大变化，出现了氯化钴试纸、烧杯、试管、各种金属棒等专业器材和化学试剂。整个实验也对观察提出了更高要求，在一定实验目的和实验过程中进行观察记录。在对实验结果的表述中也开始使用专业术语如"导热性""热的良导体""对流"等。 　　中学《物理》实验研究对象从直接变成间接，以往的实验观察都能直接观察到。例如，判断哪种金属"传热性好"，但是当提到哪种物体吸收的热量多时，就易引起混淆。"吸收热量的多少"无法直接观察，这时需要引导学生
实验六　金属与非金属的导热性		
实验七　不同金属的导热性		
实验八　水的导热性		
实验九　空气的导热性		
实验十　空气的对流		
实验十一　水的对流		

（续表）

实验名称	实验来源	实验设计说明
实验十二　探究不同物质的吸热本领	八年级《物理》第二学期5.2 热量　比热容第 2 课时	通过实验装置的设计，利用其他可直接观察的实验现象来间接反映。除此之外，中学《物理》在实验研究过程中对科学方法（控制变量法）的使用，对实验操作、记录、分析、归纳能力，也提出了更高的要求

主题二　重力

2.1 教学衔接内容分析

教材来源	学习要求	目标达成的途径和方法
三年级《自然》第二学期 1.2 重力与承重	知道重力是由地球的吸引而使物体受到的力,知道地球上的任何物体都受到重力	把不同物体抛向空中,观察发生的现象。感受重力是由地球吸引产生的
七年级《科学》第二学期 12.2 重力	1. 知道重力是由地球对物体的吸引产生的,所以方向是竖直向下的。 2. 知道力的单位为牛,可以用弹簧测力计测量力的大小。 3. 学会正确使用弹簧测力计测量物体的重力。 4. 知道物体所受重力与质量的关系	1. 情景引入,结合之前所学力的知识,引导学生认识重力的产生和重力的方向。 2. 通过探究弹簧伸长量和钩码数量的关系认识弹簧测力计的工作原理。 3. 观察弹簧测力计的结构,学会正确使用弹簧测力计测量物体所受重力的方法。 4. 通过测量质量整数倍扩大的物体受到的重力,认识物体所受重力与质量的关系

（续表）

教材来源	学习要求	目标达成的途径和方法
八年级《物理》第一学期 3.4 重力	1. 知道重力产生的原因及其定义。 2. 知道重心。知道重力的方向。 3. 理解物体所受重力与质量的关系及公式 $G=mg$	1. 通过实验观察重力方向与水平面的关系，得出重力的方向是竖直向下的。 2. 经历探究物体所受重力与质量的定量关系，感受科学探究的过程，学会运用函数图像处理数据的方法

2.2 衔接实验设计说明

实验名称	实验来源	实验设计说明
实验一　知道重力	三年级《自然》第二学期 1.2 重力与承重	在小学阶段，通过活动让学生观察、描述所看到的现象，只要求感受重力是由地球吸引产生的。 中学科学课程阶段，通过阅读小学自然课的《科学类课程实验记录手册》，知道重力的产生原因和重力的方向，对"竖直是垂直于水平面"不做具体要求。从测量质量整数倍扩大后物体所受重力，认识到每千克物体所受重力约为 10 牛。 中学物理课程阶段，对重力的方向要通过实验认识垂直和竖直的区别。探究物体重力与质量关系时，对实验器材的选择，我们提供了传统的弹簧测力计和 DIS 力传感器，丰富了学生的测量方法，并且所选物体的质量是随机的、离散的，要通过函数图像对实验数据进行处理，得出重力计算公式
实验二　地球对不同物体的吸引	七年级《科学》第二学期 12.2 重力	
实验三　弹簧测力计和重力		
实验四　重力的方向	八年级《物理》第一学期 3.4 重力	
实验五　探究物体所受重力与质量的关系		

主题三　生活中的摩擦力

3.1 教学衔接内容分析

教材来源	学习要求	目标达成的途径和方法
三年级《自然》第二学期 1.4 生活中的摩擦力	1. 知道摩擦力的存在。 2. 知道摩擦力的大小与接触面的光滑程度有关	1. 交流生活中与摩擦力相关的事例，能列举一些摩擦现象。 2. 通过使用弹簧测力计测摩擦力的大小，知道增大或减小摩擦的方法
七年级《科学》第二学期 12.3 摩擦力	1. 知道摩擦力会阻碍物体的运动； 2. 认识固体间接触面的粗糙程度会影响摩擦力的大小	1. 创设情境，利用生活中的现象认识摩擦力的存在，并知道摩擦力可以阻碍物体的运动。 2. 通过设置固体接触面的不同粗糙程度，比较摩擦力的大小，认识固体间接触面的粗糙程度会影响摩擦力的大小。 3. 利用所学的摩擦力的知识解释生活中的各种增大和减少摩擦力的实例

（续表）

教材来源	学习要求	目标达成的途径和方法
八年级《物理》第一学期 3.5 二力平衡 第2课时	1. 知道滑动摩擦力、静摩擦力和滚动摩擦力。能利用二力平衡条件，分析滑动摩擦力的大小与方向。 2. 经历研究滑动摩擦力大小与哪些因素有关的过程，体会"控制变量"的研究方法	1. 创设情景并讨论，提出静摩擦力与滑动摩擦力的概念，能利用二力平衡条件分析。 2. 通过探究滑动摩擦力的大小与哪些因素有关，体会用控制变量法研究物理量之间的关系，得出物理规律的过程

3.2 衔接实验设计说明

实验名称	实验来源	实验设计说明
实验一　测一测摩擦力的大小	三年级《自然》第二学期 1.4 生活中的摩擦力	摩擦力大量存在于我们的日常生活中。在小学阶段第一次正式提出摩擦力，联系大量的生活实例，知道摩擦力。通过使用弹簧测力计在不同接触面上拉物体，比较弹簧测力计的读数差异，知道摩擦力的大小与接触面的光滑程度有关。
实验二　固体间的摩擦力	七年级《科学》第二学期 12.3 摩擦力	在中学《科学》中，对摩擦力这一概念不是停留在名词上，而是需要进一步知道摩擦力的作用会阻碍物体的运动。通过在一系列不同表面上推动木块的差异，感受推动过程中的难易，对比滑动摩擦力的大小

（续表）

实验名称	实验来源	实验设计说明
实验三 探究滑动摩擦力的大小与哪些因素有关	八年级《物理》第一学期 3.5 二力平衡 第2课时	中学《物理》中对摩擦力有了明确的定义和区分,有滑动摩擦力和静摩擦力,结合相关理论知识来设计实验,研究影响滑动摩擦力的因素。注重引导学生设计实验及分析归纳实验结论

主题四 磁

4.1 教学衔接内容分析

教材来源	学习要求	目标达成的途径和方法
三年级《自然》第二学期 5.1 磁铁的两极 5.2 小磁针的奥秘	1. 知道磁铁的不同部位磁性强弱不同,两端最强,中间最弱。 2. 知道磁极间的基本性质:同极相斥、异极相吸。 3. 初步了解自制小磁针具有与磁铁相同的性质	1. 分别用磁铁的不同部位吸回形针,并对所吸回形针的数量进行记录和分析。 2. 将一块磁铁的磁极靠近另一块磁铁的磁极,观察实验现象,交流实验结果。 3. 自制小磁针是否具有与磁铁相同的性质? 找出自制小磁针的N极和S极,并用不同颜色标记。 4. 如果将小磁针截断,它的磁极是否会发生变化? 通过实验,知道截断后小磁针的每一截都有N、S极
六年级《科学》第一学期 1.9 观察和记录	1. 学会辨认磁性物质和非磁性物质; 2. 知道磁极间有吸引和排斥的现象; 3. 初步养成仔细观察和如实记录实验结果的习惯	1. 创设情境——通过对磁悬浮列车原理的介绍,认识磁现象,培养对探究科学的兴趣和热情; 2. 通过磁铁实验辨认磁性物质和非磁性物质; 3. 通过条形磁铁和磁环的实验认识磁极间有吸引和排斥的现象,并初步养成仔细观察和如实记录实验结果的习惯

（续表）

教材来源	学习要求	目标达成的途径和方法
九年级《物理》第二学期 8.2 电流的磁场 第 1 课时	1. 知道磁场；知道磁感线。 2. 经历观察用铁粉来显示磁场分布的过程，认识建立模型的方法	1. 回顾《科学》中磁体的特点，提出用小磁针放在条形磁铁周围不同位置，观察并记录小磁针静止时的指向。 2. 通过讨论如何更精确、细致地反映磁场的分布，提出用铁屑放置在条形磁铁周围来充当小磁针，通过改进实验器材，观察直观、形象的磁场分布。 3. 结合实验现象，提出磁感线概念，引导学生类比铁屑产生的磁场现象来理解条形磁铁的磁感线图

4.2 衔接实验设计说明

实验名称	实验来源	实验设计说明
实验一　磁铁的什么部分磁性最强	三年级《自然》第二学期 5.1 磁铁的两极 5.2 小磁针的奥秘	在小学阶段研究磁性的强弱主要关注磁体本身。磁体间的相互作用以鼓励学生动手实验，观察、记录现象为主，并不要求形成规律。
实验二　磁极间的相互作用		在中学《科学》中，需要逐渐培养归纳能力，因此研究磁体间的相互作用，更关注的是让学生根据实验数据，自行归纳得出磁极间的相互作用。
实验三　寻找 N、S 极的奥秘		在中学《物理》中，磁处于九年级第二学期，学生的抽象思维、空间想

（续表）

实验名称	实验来源	实验设计说明
实验四　磁铁实验	六年级《科学》第一学期 1.9 观察和记录	象能力均处于初中阶段的巅峰期，磁性的强弱不仅在于本体，还推及外部空间，对方向也不能停留在"吸引""排斥"大致的间接表述，要精确而简练，因此引入"磁感线"。器材也升级到用铁屑来更细腻、直观地表现磁场的分布，并用类比法更好地理解"磁感线"
实验五　磁场的方向	九年级《物理》第二学期 8.2 电流的磁场 第 1 课时	

主题五　简单电路的秘密

5.1 教学衔接内容分析

教材来源	学习要求	目标达成的途径和方法
三年级《自然》第二学期 8.2 电路的连接	1. 知道电路的概念,知道通路。 2. 通过设计简单的电路符号并绘制电路图,初步学会用简图表示电路实物图	1. 尝试将电池、小电珠、开关用导线连接成通路,使开关能控制小电珠的亮和灭。 2. 用简图表示电路实物图
七年级《科学》第一学期 9.4 电流随电压的变化	初步认识导体中电流随电压的变化规律	通过改变干电池的节数,观察电路中电流表和电压表读数的变化,并记录在表格中,根据实验数据归纳得出导体中电流随电压的变化规律
九年级《物理》第一学期 7.2 欧姆定律 第1课时	1. 能根据生活经验、实验观察提出问题,作出假设; 2. 能设计实验方案,包括选择器材、画出电路图、设计数据记录表等; 3. 会连接实验电路; 4. 能记录电流表、电压表的示数; 5. 能分析归纳得出导体中电流与电压的关系	学生在探究实验中,经历提出问题、作出假设、制订计划、使用工具收集证据、处理数据、分析归纳和表达与交流等完整的探究过程,懂得团队合作的意义

5.2 衔接实验设计说明

实验名称	实验来源	实验设计说明
实验一 连一连,让小电珠亮起来	三年级《自然》第二学期 8.2 电路的连接	小学《自然》中,通过实验让小灯发光,知道简单电路,知道让小灯发光需要哪些原件,通过简图设计可以直观地对应电路中的各部分。 中学《科学》中,在建立了电流与电压概念后,通过增减串联电源电池的节数,用电流表测量简单电路中的电流,得到一个定性结论,电流随着电压的增大而增大。整个实验过程在教师的指导下进行连接、测量和记录。实验中选用的用电器是小灯,学生可以直观地根据小灯的亮暗来判断电流的变化。
实验二 探究电流随电压的变化	七年级《科学》第一学期 9.4 电流随电压的变化	中学《物理》中,对本实验的要求是一个质的提升,让学生经历整个探究过程,所以《学生实验手册》中很大部分是留白;并且在有了科学课的实验经历后,课堂上的时间就更充裕了,有更多的时间供学生讨论,如在用电器的选择上,为什么用导体(电阻)而不选小灯? 这个差异是学生易混淆的,在有了科学课上保存的实验记录后,可以进行对比分析
实验三 探究导体中电流与电压的关系	九年级《物理》第一学期 7.2 欧姆定律 第 1 课时	

主题六　两种基本电路的特点

6.1 教学衔接内容分析

教材来源	学习要求	目标达成的途径和方法
三年级《自然》第二学期 8.3 小电珠的串联与并联	1. 初步学会串联电路和并联电路的连接方法。 2. 通过分析、比较，知道串联电路与并联电路的区别	1. 尝试用一节电池使两盏小灯发光，并画出电路图。 2. 通过区别两种不同类型电路的特点，认识串联和并联电路
七年级《科学》第一学期 9.2 串联电路与并联电路	1. 初步学会按电路图正确连接串、并联电路。 2. 认识串、并联电路的基本特点，能辨别串联电路和并联电路。 3. 养成每次连接电路前都断开电键的习惯。 4. 初步学会利用简单的串、并联电路知识解决实际问题	1. 根据电路图正确连接串、并联电路。注意养成每次连接电路前都断开电键的习惯。 2. 通过观察串、并联电路中小灯的亮度以及试着断开电路等途径，观察分析串、并联电路的基本特点。 3. 根据探究所得串、并联电路的特点解释串联电路中某一元件损坏时其他元件不能正常工作的原因及解释家用电路采用并联式连接优于串联式的原因

（续表）

教材来源	学习要求	目标达成的途径和方法
九年级《物理》第一学期 7.3 串联电路	理解串联电路中电流、电压、电阻的特点	1. 经历串联电路特点的探究过程，学会设计实验方案、记录数据、分析数据及归纳结论的科学探究方法。 2. 通过对串联电路电阻特点探究过程，认识等效替代的科学方法

6.2 衔接实验设计说明

实验名称	实验来源	实验设计说明
实验一　练一练,让两盏小灯亮起来	三年级《自然》第二学期 8.3 小电珠的串联与并联	在小学阶段主要通过连接电路让两盏小灯发光来认识串联、并联电路,只须画出电路简图,对电路图不做要求。 中学《科学》是对小学《自然》要求的递进。主要体现在两个方面:一是既要连接串、并联电路,又要能识别串、并联电路。二是学生自主实验探究串、并联电路在电路工作时的特点。 中学《物理》是在中学《科学》基础上的再一次递进,也体现在两个方面:一是要探究串、并联电路中电流、电压和电阻三个电学量的特点。二是在科学方法上有所要求,进一步落实等效替代思想
实验二　串联电路的研究	七年级《科学》第一学期 9.2 串联电路与并联电路	
实验三　并联电路的研究		
实验四　探究串联电路的特点	九年级《物理》第一学期 7.3 串联电路	

主题七　光的反射

7.1 教学衔接内容分析

教材来源	学习要求	目标达成的途径和方法
四年级《自然》第一学期 7.2 潜望镜的秘密	1. 通过观察拆开的潜望镜,知道潜望镜的结构和工作原理。 2. 通过观察潜望镜中两块平面镜的摆放位置,知道光在潜望镜中的传播路线,知道潜望镜利用了平面镜对光的反射原理	1. 观察潜望镜的内部结构,在纸上画出平面镜的位置,通过激光笔的光路来判断设计的可行性。 2. 利用两块平面镜和相关材料,制作一架简易潜望镜
七年级《科学》第一学期 11.3 认识一些开阔视野的方法	1. 知道光的反射现象; 2. 了解光的反射定律; 3. 初步学会描述光的反射路径图	1. 通过介绍潜望镜的使用,引入和介绍光的反射现象。 2. 通过光的反射实验,学生以小组合作的形式进行实验,并观察和记录光的反射定律。 3. 结合多媒体图示描述光的反射路径
八年级《物理》第一学期 2.1 光的反射	知道光的反射现象; 知道光反射时遵循的规律; 会画出光反射现象的图示; 能解释生活中光的反射现象	1. 学生用光具盘,通过实验理解光反射现象。 2. 根据光反射定律,学会画光反射现象图。 3. 结合生活实际和光反射现象图,知道漫反射、镜面反射都遵循反射定律

7.2 衔接实验设计说明

实验名称	实验来源	实验设计说明
实验一 制作潜望镜	四年级《自然》第一学期 7.2 潜望镜的秘密	在小学阶段主要以学生参与为主，鼓励学生观察光反射现象，配合小制作"潜望镜"，加深学生对反射现象的印象和兴趣。 中学《科学》在"激发学生兴趣"层面上了一个台阶，引入光反射相关概念、专有名词，如法线、入射光线、反射光线、入射角、反射角等，让学生根据实验现象用自己的语言概括光反射规律，教师在过程中起引导和补充作用。 中学《物理》更多的是规范学生已知的光反射规律，大部分实验现象都可以通过《学生实验手册》进行回顾，避免重复；引入用光具盘让学生知道入射光线、反射光线、法线在同一平面内，补充七年级《科学》光反射现象的内容。这样就可以有更多时间在细节部分和语言表达部分进行打磨和规范
实验二 光的反射实验	七年级《科学》第一学期 11.3 认识一些开阔视野的方法	
实验三 探究光的反射定律	八年级《物理》第一学期 2.1 光的反射	

主题八　声音的产生与传播

8.1 教学衔接内容分析

教材来源	学习要求	目标达成的途径和方法
四年级《自然》第一学期 8.1 声音的产生 8.2 声音的传播	1. 知道物体振动会产生声音,振动停止,声音消失。 2. 知道声音传播需要媒介,真空无法传播声音。 3. 知道固体传播声音的本领一般大于气体和液体	1. 做一做"让纸发声",说一说方法。 2. 看一看,橡皮筋、尺、鼓发声时的现象。通过交流得出声音是由物体振动产生的。 3. 尝试:使正在发声的钹和三角铁停止发出声音
七年级《科学》第一学期 11.3 声音的产生和传播	1. 知道声音是由物体振动产生的。 2. 通过实验,能说出声音传播需要的介质。 3. 学会利用粒子理论说明声音在空气中的传播方式	1. 创设情境,利用身边的实验现象认识声音的产生。 2. 通过假设、实验验证和结论的一般过程了解声音的传播途径——需要介质。 3. 试着利用所学的粒子理论解释声音在空气中的传播方式

（续表）

教材来源	学习要求	目标达成的途径和方法
八年级《物理》第一学期 1.1 声波的产生和传播	1. 知道任何发声体都在振动。 2. 知道发声体的振动是通过介质以疏密波的形式向四周传播的，且只向外传播声源振动的信息和能量。 3. 知道声波在不同介质中的传播速度不同，空气中的声速还与温度有关	1. 通过观察和归纳，得出发声体发声时的共同特征，感受"观察"在探究规律中的重要作用。 2. 通过观察传播声音时泡沫粒子的现象来猜测声音在介质中的传播方式。通过弹簧的振动来模拟声波在介质中的传播情况。 3. 通过不同介质传播声音的对比，知道声音的传播需要介质，不同介质的传播本领不同

8.2 衔接实验设计说明

实验名称	实验来源	实验设计说明
实验一 让纸发出声音	四年级《科学》第一学期 8.1 声音的产生 8.2 声音的传播	在小学阶段，主要是鼓励学生通过自主尝试掌握使纸发声的方法。通过感受、观察、描述，引导学生建立声音与振动关系的假设。然后再引导学生应用物体振动时产生声音的知识，让学生使钹和三角铁停止发声。可让学生多次尝试，感受其中的变化，并进行表述
实验二 声音产生的原因		
实验三 使正在发声的钹或三角铁立即停止发声		
实验四 电铃的声音是通过什么传播的		
实验五 比较空气、水、沙子传播声音的本领		

（续表）

实验名称	实验来源	实验设计说明
实验六　声音的产生	七年级《科学》第一学期 11.3 声音的产生和传播	在中学《科学》中,把实验器材的选择权交给学生,课的容量也有所增加,在一节课内研究声音的产生与传播。所以小学阶段曾经做过的实验可以利用《学生实验手册》来回忆,不用再重复做。在实验观察方面也提高了要求,对一些细微的、无法用肉眼直接观察到的现象,指导学生借助其他装置来放大现象,通过间接观察来说明。对一些实验室中无法实现的实验现象,我们进行了调整,引导学生通过实验推理得出可能的结果。 中学《物理》在课题上有了改变,将"声音"改成了"声波"。引入波的概念,同时通过实验从粒子角度分析振动的传播情况。应用环节在自制土电话的设计和展示过程中,还要加入物理控制变量的分析方法来说明不同材质的"线"传声本领的差异
实验七　声音的传播		
实验八　声波的传播	八年级《物理》第一学期 1.1 声波的产生与传播	
实验九　小制作"自制土电话"		

第二节　自然—科学—化学

主题九　微粒的性质

9.1 教学衔接内容分析

教材来源	学习要求	目标达成的途径和方法
一年级《自然》第一学期第三单元第 2 课时喜爱的食品	1. 通过用鼻子闻来辨别物体,知道鼻子是人体的感觉器官。 2. 能感受气味,学会闻气味的正确方法,提高对比观察能力,初步形成保护感官的意识	1. 导入:通过判断白酒和白醋,激发学生用鼻子闻气味的兴趣,感受鼻子的功能。 2. 观察:模仿教师使用正确的方法闻气味,初步形成安全使用感官的意识。 3. 观察:用鼻子闻的方法判断蒙着纱布的纸杯中的物品,体验鼻子的作用
六年级《科学》第一学期第四章第 2 节粒子模型	1. 知道物质是由大量微小的粒子构成的。 2. 知道粒子在不停地做无规则运动。 3. 了解扩散现象。 4. 知道粒子之间存在间隙	通过各项实验观察、记录和描述,从物质的宏观现象推断物质的微观结构

（续表）

教材来源	学习要求	目标达成的途径和方法
九年级《化学》第一学期第二章第1节人类赖以生存的空气	1. 知道分子和原子的概念、区别和联系。 2. 知道微粒的特征。 3. 知道从原子、分子角度来认识物质的构成	通过实验设计、实验观察、理解微粒的特点，体验从微观视角认识物质世界，感受宏观与微观的联系

9.2 衔接实验设计说明

实验名称	实验来源	实验设计说明
实验一　用嗅觉辨食品	一年级《自然》第一学期第三单元第2课时喜爱的食品	一年级学生很难理解微观粒子的概念，但是他们可以观察生活中由于微观粒子变化而产生的宏观现象，通过实验，加深感受，为后续学习做铺垫。 六年级学生生活经验丰富，适当地利用实验建构微观粒子的概念，并用实验说明粒子的一些特征。 九年级学生可以轻松地建构原子和分子的概念，并进行区别，教师也可以尝试让学生设计实验来证明微粒的特征
实验二　认识粒子的大小		
实验三　观察固体和液体的扩散	六年级《科学》第一学期第四章第2节粒子模型	
实验四　氨分子在不断运动		
实验五　水和酒精等体积混合	九年级《化学》第一学期第二章第1节人类赖以生存的空气	

主题十　物质的三态变化

10.1 教学衔接内容分析

教材来源	学习要求	目标达成的途径和方法
三年级《自然》第一学期第八章第1课时水的三态变化	1. 了解冰的一般性质，提高观察、分析能力。 2. 了解在一定条件下冰可以融化成水，养成仔细观察的习惯。 3. 了解水的蒸发与沸腾现象，培养细致观察的能力	1. 通过观察分析，了解冰是一种怎样的物体，了解冰的基本特点。 2. 通过选择不同的工具，使冰融化，知道冰融化成水需要一定的条件（受热）。 3. 加热烧杯中的水，观察加热时的实验现象和加热前后水位的变化
六年级《科学》第二学期第六章第3节水的循环	1. 认识水的三态。 2. 学会使用适当的物态变化的科学术语。 3. 能用粒子理论解释水的三态变化。 4. 在测量、观察和记录过程中养成实事求是的科学态度	1. 通过情景讨论及生活经验认识水的三态。 2. 观察实验现象并如实记录实验数据。 3. 引导学生用适当的科学术语进行描述和分析
九年级《化学》第一学期第三章第1节水	1. 知道水的组成。 2. 知道水的物理性质。 3. 能用水的物理性质解释一些生活中的现象	通过观察硫酸铜粉末的颜色变化，判断物质发生三态变化时微粒本身未发生变化

10.2 衔接实验设计说明

实验名称	实验来源	实验设计说明
实验一 观察物质固态和液态的变化	三年级《自然》第一学期第八章第1课时 水的三态变化	三年级学生对水在生活中发生的变化已有了一定的了解,通过课堂实验让学生体验水与冰、水与水蒸气之间的转化。
实验二 观察物质液态和气态的变化		六年级学生在原有认知的基础上,理解全球的水循环,设计相关实验,认识水的物理性质,培养学生实验观察与分析能力。
实验三 认识水的性质	六年级《科学》第二学期第六章第3节 水的循环	九年级学生已完全掌握水的三态变化,这一阶段要求学生能用微观粒子来解释水的三态变化,并用实验证明水的三态变化是物理变化
实验四 认识物质三态变化属于物理变化	九年级《化学》第一学期第三章第1节 水	

主题十一　物质的溶解

11.1 教学衔接内容分析

教材来源	学习要求	目标达成的途径和方法
三年级《自然》第二学期第二章第 1 课时溶解	1. 初步认识溶解现象。 2. 初步学会判断哪些物质能溶解	1. 通过观察,比较物质与水混合后的情况,初步认识溶解现象。 2. 通过规范的实验操作,初步学会判断哪些物质能溶解
七年级《科学》第一学期第八章第 1 节溶液的形成	1. 了解溶液的形成过程。 2. 认识溶液的组成。 3. 认识影响溶解快慢的因素	1. 通过不同物质在水中的溶解情况观察认识溶液的形成过程及组成。 2. 通过选择合适的实验材料,设计实验方案,探究影响溶解快慢的因素
九年级《化学》第一学期第三章第 2 节溶液	1. 知道物质的溶解性。 2. 理解影响物质溶解性的因素	1. 通过对影响溶解性的因素提出合理的假设,并设计实验验证,探究各种因素对溶解性的影响。 2. 通过硫酸铈的溶解性与温度的实验探究,了解温度对溶解性的影响

11.2 衔接实验设计说明

实验名称	实验来源	实验设计说明
实验一 认识溶解现象	三年级《自然》第二学期 第二章第1课时 溶解	学生在小学《自然》中观察物质溶解的过程,初步认识溶解现象。 七年级《科学》中,学生了解溶液的形成过程,认识溶液的组成,并通过选择合适的实验材料,设计实验方案,探究影响溶解快慢的因素。 九年级《化学》提出有关物质溶解能力的问题,对可能影响溶解性的因素提出合理的假设,设计实验以探究各种因素对溶解性的影响。在实验探究的设计上,学生从模仿到自行设计,了解科学探究的一般过程。 本实验利用DIS设备让学生通过实验体验到少数固体的溶解性随温度的升高而减小。探究活动用电导率传感器和温度传感器探究溶解性与温度之间的关系,是对常规教学模式的突破,让学生感受到科学结论的得出需要通过化学实验来佐证
实验二 物质的溶解		
实验三 找出影响溶解快慢的因素	七年级《科学》第一学期 第八章第1节 溶液的形成	
实验四 白糖、食盐和淀粉溶解性的比较	九年级《化学》第一学期 第三章第2节 溶液	
实验五 比较硝酸钾在不同溶剂中的溶解性		
实验六 比较硝酸钾在不同温度下的溶解性		
实验七 探究溶解性与温度的关系		

主题十二　金属

12.1 教学衔接内容分析

教材来源	学习要求	目标达成的途径和方法
四年级《自然》第一学期第六单元第2课时金属	1. 认识金属具有导电性、导热性、延展性、有金属光泽等共同特点。2. 认识到金属还有不同种类，并且各有特点	1. 观察金属的特点，认识金属具有导电性、导热性、延展性、有金属光泽等共同特点。2. 比较铁罐和铝罐，认识金属还有不同种类，并且各有特点。3. 通过实验探究金属的性质
七年级《科学》第二学期第十三章第3节材料及其应用	1. 知道金属的特性及常见金属的用途。2. 学会比较不同金属熔点的方法。3. 认识几种常见的合金。4. 了解金属废弃物带来的污染问题	1. 通过观察实验现象，结合生活经验归纳金属的特性。2. 阅读表格，收集有效数据，解决相关问题。3. 交流讨论、比较日常生活中处置金属废弃物的方法
九年级《化学》第二学期第六章第1节奇光异彩的金属	1. 知道金属和酸、盐的反应。2. 知道金属活动性顺序的应用	通过学生实验活动，自主发现不是所有的金属都能与酸反应，从而引出金属活动性顺序的应用，再扩展到金属与盐溶液反应的规律，让学生掌握金属的化学性质

12.2 衔接实验设计说明

实验名称	实验来源	实验设计说明
实验一　观察金属的特点	四年级《自然》第一学期第六单元第 2 课时金属	四年级学生可以通过生活经验观察并归纳金属的共性，教师可以通过课堂实验引导学生认识金属的一些性质，让学生学会识别生活中的金属。 　　七年级学生可以用实验寻找金属的异同点，认识合金，学会如何处理生活中的金属废弃物。 　　九年级学生在习得金属分类的基础上，通过实验深入探究金属与酸、金属与盐的反应，归纳总结金属活动性的规律，从而对金属的性质有较全面的认识
实验二　金属的特性	七年级《科学》第二学期第十三章第 3 节材料及其应用	
实验三　探究金属与酸溶液反应的规律	九年级《化学》第二学期第六章第 1 节奇光异彩的金属	
实验四　探究金属与盐溶液的反应规律		

主题十三　水的净化

13.1 教学衔接内容分析

教材来源	学习要求	目标达成的途径和方法
四年级《自然》第一学期 第二单元第 3 课时 水的污染和净化	1. 了解自然界中水污染是逐渐产生的。 2. 了解净化水的简单方法	1. 通过向清水中逐滴滴入墨汁的实验,初步了解自然界中水污染是逐渐产生的。 2. 通过利用身边的材料制作简易的污水净化装置,初步了解净化水的简单方法
六年级《科学》第二学期 第六章第 2 节 水的净化	1. 认识天然水中存在的主要杂质。 2. 知道实验室水的净化方法的实践操作。 3. 初步学会过滤法的实验技能	1. 创设问题情境进行实验探究。 2. 通过观察并实践过滤法的操作,掌握实验技能并分析解决实验中的问题
九年级《化学》第一学期 第三章第 1 节 水	知道自来水生产的一般过程及原理	1. 通过观察自来水生产流程图,知道自来水净化过程,增强环保意识。 2. 通过模拟自来水净化的实验,知道明矾在净化过程中的作用

13.2 衔接实验设计说明

实验名称	实验来源	实验设计说明
实验一　水的污染	四年级《自然》第一学期第二单元第3课时水的污染和净化	水是学生在日常生活中接触较多的物质,处于小学阶段的学生并不知道天然水是混合物,水中有不溶性杂质和细菌,更不清楚水中有可溶性杂质。所以通过向清水中逐滴滴入墨汁的实验,初步了解自然界中的水污染是逐渐产生的,并通过利用身边的材料制作简易的污水净化装置,初步了解净化水的简单方法。
实验二　水的净化		六年级学生在了解水污染的基础上,可以将学到的相关知识在课堂中进行更深入的交流讨论,进一步探究水中有什么和净化水的方法。通过观察并实践过滤法的操作,掌握实验技能并分析解决实验中的问题。
实验三　用过滤法除去细小的固体颗粒	六年级《科学》第二学期第六章第2节水的净化	对九年级学生而言,他们对饮用水的来源有所了解,知道生活用水来自自来水厂,但不了解自来水厂的具体生产过程,故本阶段实验紧密联系日常生活,学生的情绪和心理应处于兴奋和好奇状态。通过对水的净化介绍、讨论、动手操作,试着去除水中的部分杂质,逐步认识到过滤是除去难溶性固体的方法,并将学到的知识运用于自己的生活中,提高分析问题和解决问题的能力
实验四　木炭的吸附作用	九年级《化学》第一学期第三章第1节水	
实验五　自来水的净化		

主题十四 溶液的酸碱性

14.1 教学衔接内容分析

教材来源	学习要求	目标达成的途径和方法
五年级《自然》第一学期第一单元第 2 课时"魔幻"液体	1. 制作"魔幻"液体。 2. 会利用红甘蓝汁变色情况区分酸性、碱性及中性物质	1. 能进行滴加液体、研磨等实验操作,会制作红甘蓝汁。 2. 通过观察红甘蓝汁滴入不同液体的变色情况,初步了解红甘蓝汁具有检测物质酸碱性的作用。 3. 通过用红甘蓝汁检测物质的酸碱性,提高推理判断的能力
七年级《科学》第一学期第八章第 2 节形形色色的溶液	1. 认识常见的酸碱指示剂。 2. 初步学会用酸碱指示剂判断溶液的酸碱性。 3. 学会使用 pH 试纸和比色卡测定溶液的酸碱度	1. 通过实验认识三种酸碱指示剂遇到不同酸碱性溶液的变色情况。 2. 通过对酸碱指示剂的变色现象进行观察、比较,学会区分溶液的酸碱性,认识常见的酸性溶液和碱性溶液

（续表）

教材来源	学习要求	目标达成的途径和方法
九年级《化学》第一学期第三章第3节溶液的酸碱性	1. 了解化合物的分类。 2. 知道 pH 的范围和溶液酸碱性的关系。 3. 初步学会石蕊、酚酞、pH 试纸的测试方法。 4. 初步学会溶液呈酸性或碱性的规律	1. 在知道溶液按酸碱性分类的基础上了解化合物的分类，并逐步知道溶液酸碱性与物质类别之间的规律。 2. 在认识酸碱指示剂变色情况的基础上知道溶液的 pH 范围和酸碱指示剂之间的关系，并初步学会紫色石蕊、酚酞、pH 试纸的测试方法

14.2 衔接实验设计说明

实验名称	实验来源	实验设计说明
实验一　"魔幻"液体	五年级《自然》第一学期第一单元第2课时"魔幻"液体	学生在小学《自然》中知道了指示剂的初步概念，在中学《科学》中知道生活中部分常见物质的酸碱性，并掌握溶液酸碱性测定的实验方法，知道如何通过紫色石蕊和无色酚酞的颜色变化判断溶液酸碱性情况。待九年级化学教师授课时，可以先让学生自己动手做实验

（续表）

实验名称	实验来源	实验设计说明
实验二 溶液酸碱性的测定		
实验三 pH试纸的使用	七年级《科学》第一学期第八章第2节形形色色的溶液	探究初中部分常见溶液的酸碱性。通过自主实验，学生不仅进一步巩固基本实验操作能力，加深对常见溶液酸碱性的检验方法，还能提高实验分析能力。
实验四 测试不同溶液的pH		基于学生对溶液酸碱性已有较全面的认识，因此在新授课过程中，教师将溶液酸碱性的知识进行拓展和延伸，从单一溶液的酸碱性扩展到一类溶液的酸碱性，由此引出物质分类中酸和碱。学生通过实验，更容易理解："酸溶液一定呈酸性；碱溶液一定呈碱性；呈酸性的溶液不一定是酸溶液；呈碱性的溶液不一定是碱溶液。"
实验五 测定不同浓度、同种溶液的酸碱度	九年级《化学》第一学期第三章第3节溶液的酸碱性	

主题十五　空气的成分

15.1 教学衔接内容分析

教材来源	学习要求	目标达成的途径和方法
五年级《自然》第一学期第五单元第 1 课时空气的成分	1. 知道空气中含有一定比例的氧气,氧气支持燃烧,培养学生仔细观察实验现象,分析实验数据的能力。 2. 知道一种鉴定二氧化碳的方法	1. 通过猜想,多次实验,分析实验现象和记录的数据,小结得出含有一定比例氧气的空气支持燃烧。 2. 通过实验,知道二氧化碳能使澄清的石灰水变浑浊,证明人体呼出的气体中含有二氧化碳
六年级《科学》第二学期第七章第 1 节空气的组成	1. 认识空气中的各种成分。 2. 知道空气中的主要成分,其所占比例和主要用途。 3. 初步学会检验氧气、二氧化碳、水蒸气的方法	1. 通过阅读图表数据认识空气的成分及其比例。 2. 利用试剂或材料检验氧气、二氧化碳、水蒸气,观察特有的实验现象
九年级《化学》第一学期第二单元第 1 课时浩瀚的大气	1. 知道空气中氧气的体积分数约占 21%。 2. 了解拉瓦锡发现空气组成的实验原理	1. 通过演示实验,分析实验现象,说明氧气在空气中的比例。 2. 通过"粗略测定空气中氧气的体积分数"的实验操作,学会设计实验进行探究活动,提高实验分析能力

15.2 衔接实验设计说明

实验名称	实验来源	实验设计说明
实验一　空气中的氧气和二氧化碳	五年级《自然》第一学期第五单元第1课时空气的成分	小学《自然》以观察实验为主，以空气的趣味实验导入，迅速拉近学生与化学的距离，让学生通过观察蜡烛熄灭的过程，得到空气中含有氧气的事实。 初中《科学》进一步通过实验验证，空气中除了含有氧气外，还含有其他气体，通过实验得出空气中还有二氧化碳和水蒸气。 初中《化学》基于学生对空气组成的了解，通过定量实验，分析空气中氧气的体积分数，并进行实验拓展，让学生设计实验，动手操作，得出氧气体积分数高于多少时，带火星的木条能复燃，对氧气的助燃性有深层次了解
实验二　检验氧气和二氧化碳	六年级《科学》第二学期第七章第1节空气的组成	
实验三　测定空气中氧气的体积分数	九年级《化学》第一学期第二单元第1课时浩瀚的大气	
实验四　测定氧气体积分数为多少时，能使带火星的木条复燃		

主题十六 燃烧与灭火

16.1 教学衔接内容分析

教材来源	学习要求	目标达成的途径和方法
五年级《自然》第一学期第五单元第 1 课时空气的成分	知道空气中含有一定比例的氧气，氧气支持燃烧，培养学生仔细观察实验现象，分析实验数据的能力	1. 预想：在有水的盘子中放入一支点燃的蜡烛，将玻璃杯倒扣在蜡烛上方，可能产生什么现象。 2. 实验：将玻璃杯罩在燃烧的蜡烛上方。 3. 分析：实验现象和记录的数据。 4. 小结：有一定比例氧气的空气会支持燃烧
六年级《科学》第二学期第七章第 2 节氧气与燃烧	1. 认识燃烧的条件。 2. 知道灭火的原理及其方法	1. 通过纸盒烧水实验了解温度是燃烧的必要条件。 2. 观看录像，能复述不同情景中的逃生方法。 3. 根据所学知识及生活经验，引导分析预防火灾的方法
九年级《化学》第一学期第四章第 1 节燃烧与灭火	1. 知道燃烧的条件和灭火的方法。 2. 知道特殊情况下的燃烧。 3. 知道缓慢氧化的原理	1. 通过白磷燃烧的对照实验，得出燃烧的条件和灭火的方法。 2. 通过白磷的自燃实验，知道缓慢氧化。 3. 通过钠在氯气中燃烧和镁带在二氧化碳中燃烧，知道某些物质在特殊情况下，即使没有氧气，也能燃烧

16.2 衔接实验设计说明

实验名称	实验来源	实验设计说明
实验一 火为什么灭了	五年级《自然》第一学期 第五单元第1课时 空气的成分	在小学《自然》实验中,通过观察在密闭环境下,烛火的自动熄灭,分析得出燃烧需要氧气这一事实,从而总结出隔绝氧气可以灭火。 在初中《科学》实验中,通过"纸盒烧水"实验,总结燃烧除了需要与氧气充分接触,温度还需达到着火点。同时掌握用二氧化碳灭火的原理和方法。 在初中《化学》实验中,通过"钠在氯气中燃烧"和"镁在二氧化碳中燃烧"两个实验,让学生知道特殊情况下,即使没有氧气,物质也能发生燃烧,同时养成金属等特殊物质燃烧时,不能使用二氧化碳灭火器的常识。 通过白磷自燃实验,了解缓慢氧化的过程,让学生知道如何防止自燃引发的火灾的发生,并通过自制灭火器,了解灭火器的工作原理
实验二 用"纸盒"烧水	六年级《科学》第二学期 第七章第2节 氧气与燃烧	
实验三 灭火		
实验四 特殊情况下的燃烧		
实验五 自燃现象	九年级《化学》第一学期 第四章第1节 燃烧与灭火	
实验六 自制灭火器		

第三节　自然—科学—生命科学

主题十七　比较生物之间的差异

17.1 教学衔接内容分析

教材来源	学习要求	目标达成的途径和方法
三年级《自然》第一学期 5.2 灵巧的鱼	1. 发现鱼的流线型体形有利于减小其在水中运动时受到的阻力。 2. 探究不同形态的物体在水中受到的阻力,发现流线型物体受到的阻力小	通过设计实验、交流方案、实验并比较实验结果等步骤,了解物体在水中受到的阻力大小与不同形状有关,认识流线型鱼在水中受到的阻力小
六年级《科学》第一学期 2.4 比较同种生物之间的差异	1. 认识同种生物间存在差异。 2. 学会编制简单的直方图以显示同种生物间的差异分布情况	通过组内相互观察、比较的方法,在相互合作的过程中认识同种生物个体间的差异,并学会绘制和解释直方图
八年级《生命科学》第一学期 2.3.1 人体的性状和遗传现象	1. 了解人体的性状与相对性状。 2. 认识遗传现象	1. 通过观察自身或其他人,初步识别人体不同种类的性状,认识什么是相对性状。 2. 通过观察和比较自身和父母的几种遗传性状,认识人体的性状遗传现象

17.2 衔接实验设计说明

实验名称	实验来源	实验教学建议
实验一 灵巧的鱼	三年级《自然》第一学期 5.2 灵巧的鱼	在三年级设计实验的过程中,要引导学生认识"两个不同形状的物体,它们的体积、材质、表面特性、在水中运动的速度"等因素要尽量相等。 六年级学生在小学《自然》中对比生物之间不同特征的基础上,学会编制简单的直方图,并通过分析直方图认识同种生物间的差异分布情况。 八年级学生通过观察自身或其他人识别人体不同种类的性状,认识什么是相对性状;将《科学》中认识到生物之间的差异,如能否卷舌和有无耳垂表达为"差异"给出了专业的定义——相对性状;通过观察和比较自身和父母的几种遗传性状,认识人体的性状遗传现象。在六年级"比较同种生物之间的差异"的基础上"解释"差异的主要原因——遗传
实验二 比较个体间的差异	六年级《科学》第一学期 2.4 比较同种生物之间的差异	
实验三 观察自己身体的几种遗传性状	八年级《生命科学》第一学期 2.3.1 人体的性状和遗传现象	

主题十八　不良生活方式对健康的影响

18.1 教学衔接内容分析

教材来源	学习要求	目标达成的途径和方法
五年级《自然》第二学期 6.3 吸烟和酗酒的危害	1. 了解吸烟对身体的危害。 2. 认识香烟中的物质对生物的毒性	通过小组讨论，找到证明香烟的危害的办法。并通过实验——烟头浸出液对植物或昆虫的影响证实香烟的危害
六年级《科学》第二学期 7.5.2 吸烟对健康的影响	1. 了解香烟的主要有害成分及对人体和环境的危害。 2. 认识吸烟和被动吸烟对健康的危害，加强健康意识	1. 通过观察相关图片、视频、实例，了解香烟的主要有害成分及对人体和环境的危害。 2. 通过吸烟过程模拟实验和小鼠实验，明确吸烟和被动吸烟的危害所在。 3. 通过学生总结，再次加深对吸烟危害性的认识，培养健康意识
八年级《生命科学》第一学期 3.3.2 酒精对水蚤心率的影响	1. 了解科学研究的一般方法，学会做对照实验。 2. 认识酗酒等不良生活方式对健康的影响	1. 通过观察不同浓度的酒精对水蚤心率的影响，了解科学研究的一般方法，学会做对照实验。 2. 通过对实验结果的分析比较，认识酗酒等不良生活方式对健康的影响

18.2 衔接实验设计说明

实验名称	实验来源	实验教学建议
实验一　吸烟和酗酒的危害	五年级《自然》第二学期 6.3 吸烟和酗酒的危害	三年级学生通过控制变量，共同拟订合理的对比实验的方案，小组内进行分工合作。
实验二　香烟对健康的影响——滤嘴能完全滤去焦油吗	六年级《科学》第二学期 7.5.2 吸烟对健康的影响	六年级学生通过模拟实验和小鼠实验，明确吸烟和被动吸烟的危害性。相比小学《自然》实验中烟头浸出液对植物或昆虫的影响，更为直观，有助于学生理解吸烟对人体健康的影响。
实验三　"二手烟"对小鼠的影响		八年级学生小组合作，观察不同浓度的酒精对水蚤心率的影响，学会做对照实验；相比《科学》中的教师演示实验，学生通过自主活动了解科学研究的一般方法；通过对实验结果的分析比较，在六年级学习"吸烟对健康的影响"的基础上加深认识吸烟、酗酒等不良生活方式对健康的影响
实验四　酒精对水蚤心率的影响	五年级《自然》第二学期 6.3 吸烟和酗酒的危害	

主题十九　观察生物

19.1 教学衔接内容分析

教材来源	学习要求	目标达成的途径和方法
三年级《自然》第一学期 3.1 昆虫	1. 初步认识昆虫的主要形态特征，身体分为头、胸、腹三部分，3 对足、1 对触角、1 或 2 对翅膀。 2. 学会辨认昆虫	1. 通过观察天牛、蟑螂、胡蜂、苍蝇、蝴蝶、蚊子等昆虫的图片或标本。讨论交流这些动物的相同点，它们的足、翅膀和触角的数目各有多少。 2. 通过制作昆虫模型，加深对昆虫结构的认识
六年级《科学》第一学期 2.2 观察蜗牛	1. 初步学会观察小动物的基本方法。 2. 了解蜗牛的外形、运动、对外界刺激的反应、食性等特征	1. 通过观察蜗牛，初步学会观察小动物的基本方法；将观察的结果及时记录、分析，归纳蜗牛的外形、运动、对外界刺激的反应、食性等特征。 2. 通过观察蜗牛对外界刺激的反应推测蜗牛的生活环境。 3. 通过观察蜗牛的食性推测蜗牛是庄稼的害虫
八年级《生命科学》第二学期 4.2.1 观察和解剖鲫鱼	1. 初步学会观察和解剖鲫鱼的方法和技能。 2. 知道鲫鱼的外形特点和内部器官的分布与功能。 3. 理解生物体结构与功能相适应的生物学理念	1. 通过观察和解剖鲫鱼，知道鲫鱼的外形特点和内部器官的分布与功能，初步学会观察和解剖鲫鱼的方法和技能。 2. 通过分析、归纳鲫鱼与水生生物相适应的结构特点，理解生物体结构与功能相适应的生物学理念

19.2 衔接实验设计说明

实验名称	实验来源	实验设计说明
实验一 观察昆虫	三年级《自然》第一学期 3.1 昆虫	三年级学生重点观察昆虫的主要形态特征。通过讨论和交流,帮助学生体会,可以按照动物的形态特征给它们分类;制作时,提醒学生注意思考昆虫的身体由哪些部分组成,各部分可以分别用哪些材料来制作。材料的选择、外形的创意可以让学生自由发挥。
实验二 观察蜗牛	六年级《科学》第一学期 2.2 观察蜗牛	六年级观察蜗牛,将观察的结果及时记录、分析,归纳蜗牛的特征,相比小学《自然》中按照动物的主要形态特征给它们分类,学生初步学会系统观察小动物的顺序和方法。八年级学生学会观察和解剖小动物,按一定的顺序观察鲫鱼的外形,并按照一定的步骤解剖鲫鱼,然后按顺序观察鲫鱼的内部结构。相比《科学》中观察蜗牛的外形,学生学会通过解剖鲫鱼,观察鲫鱼的内部结构;通过分析、归纳鲫鱼与水生生物相适应的结构特点,理解生物体结构与功能相适应的生物学理念。
实验三 观察和解剖鲫鱼	八年级《生命科学》第二学期 4.2.1 观察和解剖鲫鱼	

主题二十　传染病及其预防

20.1 教学衔接内容分析

教材来源	学习要求	目标达成的途径和方法
五年级《自然》第二学期 6.1 常见疾病 6.2 疾病的预防与治疗	1. 了解一些致病微生物引起的疾病。 2. 了解常见传染性疾病的传播途径。 3. 知道人有一定的免疫能力,知道提高人体免疫能力的重要途径	通过讨论交流生过什么病,生病时身体有哪些变化,了解一些致病微生物引起的疾病。 　通过举例说明一种传染病的传播途径以及防止其传播的方法,了解常见传染性疾病的传播途径。 　通过制作预防接种表,知道人有一定的免疫能力,知道提高人体免疫能力的重要途径
六年级《科学》第一学期 第三章　细胞与生殖 第四节　性传染病	1. 知道艾滋病的病原体、传播途径及其危害性。 2. 形成预防艾滋病扩散及珍爱生命的意识。 3. 正确对待艾滋病患者,懂得为艾滋病患者提供协助	1. 通过视频及数据认识艾滋病的相关知识。 2. 通过"艾滋病知多少"的活动,反馈巩固艾滋病的知识并学会正确对待艾滋病患者

（续表）

教材来源	学习要求	目标达成的途径和方法
八年级《生命科学》第一学期 3.2.2 人体的免疫功能	1. 认识接种疫苗是保护易感人群的有效途径之一。 2. 理解特异性免疫的特点	1. 通过交流自己及身边人接种过的疫苗及其作用，认识接种疫苗是保护易感人群的有效途径之一。 2. 通过阅读、分析"国家免疫规划疫苗程序时间表"，了解自己接种的疫苗种类，理解特异性免疫的特点

20.2 衔接实验设计说明

实验名称	实验来源	实验设计说明
实验一　写出一种疾病名称及由它造成的各种身体变化		生病是每个人都有过的经历。小学阶段的实验，重点是引导学生通过讨论、举例来了解一些致病微生物引起的疾病，了解常见传染性疾病的传播途径。通过制作预防接种表，明白自己的身体通过疫苗接种，在免疫力方面有了哪些提高。在这一过程中，要注意引导学生在交流过程中找出生病时身体变化的细节；在制作预防接种表时注意内容的真实、完整。
实验二　举例说明一种传染病的传播途径及其防止传播的方法	五年级《自然》第二学期 6.1 常见疾病 6.2 疾病的预防与治疗	
实验三　查找个人预防接种资料，制作一个小学阶段接种疫苗项目与预防疾病的对照表		通过小学阶段的学习已让学生认识了一些致病微生物引起的传染病及其传播途径，知道通过接种疫苗来预防。在六年级《科学》中学生进

（续表）

实验名称	实验来源	实验设计说明
实验四 艾滋病知多少	六年级《科学》第一学期 第三章 细胞与生殖 第四节 性传染病	一步学习性传染病如艾滋病至今没有疫苗可以预防，也无法治愈。在教学过程中，除了从科学角度进行学习和解读，更应注意从人文关怀角度让学生懂得珍爱生命及正确对待艾滋病患者。 在六年级认识艾滋病的症状、传播途径等的基础上，八年级从分析艾滋病的病因角度让学生理解艾滋病是由于 HIV 病毒破坏了人体的免疫功能而造成的，学习"免疫"的内容。认识接种疫苗是预防传染病、保护易感人群的有效途径之一；课前阅读自己的预防接种卡，课上对比阅读"国家免疫规划疫苗程序时间表"，了解自己接种的疫苗种类，理解特异性免疫的特点，加强预防传染病的意识
实验五 疫苗和传染病的预防	八年级《生命科学》第一学期 3.2.2 人体的免疫功能	

主题二十一　显微镜观察

21.1 教学衔接内容分析

教材来源	学习要求	目标达成的途径和方法
四年级《自然》第二学期 2.1 显微镜下的物体 2.2 显微镜下的小生物	1. 了解显微镜的主要组成部分,初步学会描绘显微镜下的发现并交流。 2. 初步知道在自然界中,除了个体较大的生物外,还有个体较小的生物,包括微生物	通过观察和描绘显微镜下的黑藻叶子,了解显微镜的主要组成部分,初步学会描绘显微镜下的发现并交流。 通过观察并画出显微镜下水蚤的大概样子,初步知道在自然界中,除了个体较大的生物外,还有个体较小的生物
六年级《科学》第一学期 第三章　细胞与生殖 第三节　细胞的结构	1. 学会使用显微镜的技巧。 2. 学习制作临时装片。 3. 观察和认识动植物细胞的结构,比较动植物细胞结构的异同点,并学习用绘图方式实事求是地记录观察到的现象	通过将制作的洋葱表皮细胞临时装片后放在显微镜下观察的过程,使学生进一步巩固显微镜的使用,并初步学会分析解决使用过程中遇到的问题。 尝试用绘图法记录观察结果,了解生物绘图的要求并练习手眼并用的实验技巧

（续表）

教材来源	学习要求	目标达成的途径和方法
八年级《生命科学》第一学期 1.1 人体的细胞是如何组织起来的	1. 练习正确使用显微镜（低倍镜）。 2. 识别人体的四种基本组织	通过阅读"玻片标本制作和显微镜观察"资料，认识使用显微镜观察生物材料的条件，练习正确使用低倍显微镜。 通过显微镜观察人体四种基本组织的永久玻片标本，识别人体的四种基本组织
八年级《生命科学》第一学期 4.1 制作并观察叶片的装片	1. 学会徒手切片的基本方法。 2. 了解叶的各部分结构特点，认识结构特点与功能的适应性	学习徒手切片制作青菜叶临时装片的方法。 通过显微镜观察叶表皮和叶片内部结构的临时装片，了解叶的各部分结构特点，认识结构特点与功能的适应性

21.2 衔接实验设计说明

实验名称	实验来源	实验设计说明
实验 描绘显微镜下的黑藻叶子	四年级《自然》第二学期 2.1 显微镜下的物体 2.2 显微镜下的小生物	大部分学生是在小学时第一次接触显微镜的,在他们接触的实验器材中,显微镜不管是结构还是使用方法,都是比较复杂的。因此,在小学阶段的实验重点是初步学会描绘观察到的物体。所观察的物体可根据实际情况进行调整。 进入中学阶段,学生在认识显微镜结构及功能的基础上,还要学会显微镜的使用,因此本实验是在学生已经学会使用显微镜的前提下,进一步利用显微镜来观察动植物细胞的结构,因本节课的实验容量较大,如果学生没有充分掌握显微镜使用的操作技能,就会直接影响实验效果和完成度。 在六年级学习显微镜的结构及使用方法的基础上,八年级第一学期运用低倍显微镜观察人体的四大基本组织,本节课中首先复习低倍显微镜的操作方法,在操作比较熟练的基础上观察、描述四大基本组织的特点。 八年级第二学期在熟悉显微镜操作的基础上,学习用徒手切片法制作叶的横切面的装片,并通过生物制图描述观察结果

主题二十二　生物的分类

22.1 教学衔接内容分析

教材来源	学习要求	目标达成的途径和方法
三年级《自然》第一学期第三单元 动物世界	1. 找出《动物卡片》中的昆虫、爬行动物、鸟、哺乳动物。 2. 了解这四类动物的主要特征。 3. 学会分类的方法	介绍分类方法,可以用超市、水果店举例说明。 这个单元我们已经研究了昆虫、爬行动物、鸟类、哺乳动物,请大家把这些类别的动物找出来并放在一起。 小组活动,交流,讨论
六年级《科学》第一学期　第二章 生物世界	1. 让学生认识不同准则分类的利弊。 2. 能根据生物特征把动物分为脊椎动物和无脊椎动物,把脊椎动物分为鱼类、两栖类、爬行类、鸟类和哺乳类。 3. 初步学会制作并使用检索表对一些生物进行分类	1. 通过列表讨论,引导学生思考不同准则分类的利弊。 2. 通过图示和列表归纳,引导学生认识科学家是根据生物的身体特征进行分类的。 3. 利用检索表记录分类的情况,明确分类的准则及检索表的制式

（续表）

教材来源	学习要求	目标达成的途径和方法
八年级《生命科学》第二学期 4.4.3 分类检索表	1. 学会分类检索表的使用方法。 2. 利用分类检索表识别常见生物物种	1. 通过观察月季和蔷薇标本中叶、花的特征，并与检索表中的描述相比较，学会分类检索表的使用方法。 2. 利用检索表进行检索，找到所识别生物标本的学名

22.2 衔接实验设计说明

实验名称	实验来源	实验设计说明
实验一 给动物分类	三年级《自然》第一学期第三单元 动物世界	分类是人类认识事物的基本方法之一，从三年级开始训练分类，对学生掌握事物的特征具有积极意义。本节课借助动物的多样性，训练学生的分类能力，让学生尝试对动物进行分类。本课的分类练习不是动物形态学上的分类，而是以前 4 课学习和认识的动物为题材，进行的分类练习，重点在于培养学生的比较、辨别和归类能力。 三年级学生在小学初步学习分类的基础上进一步认识科学、准确的分类方法，并学习如何利用检索表记录分类的过程，需要教师引导学生认识科学分类的意义，并用科学规范的语言表达分类的准则。 八年级学生在六年级学习二分叉检索表的基础上，并结合本章前三节动物、植物等结构特征的学习，进一步学习平行检索表的使用方法，教师需要介绍平行检索表的结构和制作原理，并准备清晰的生物图片或实物，引导学生使用平行检索表检索生物的名称

主题二十三　神经调节

23.1 教学衔接内容分析

教材来源	学习要求	目标达成的途径和方法
五年级《自然》第二学期 3.4 感觉与神经系统	1. 操作：两人合作，做抓米尺，测反应的操作活动。 2. 记录：将测量数据记录在《活动任务单》上。 3. 讨论：抓米尺时，眼睛、手和神经系统是怎样协调工作的	对学生进行方法指导，米尺的零刻度在下端，抓尺者的手掌虎口平面对准零刻度线。放尺者要随机放尺，不要提醒对方。 可以引申到过马路、打乒乓球等一些生活实例，以加深理解
七年级《科学》第一学期 第十一章　感知与协调 第五节　脑与感觉	1. 知道脑在分析信息时会出现错误。 2. 认识大脑能协调人体对外界刺激的反应	通过观察图片和活动体验的错觉，认识脑在分析信息时会出现错误。 通过反复多次接尺的活动，并列表记录数据，体会每个人对外界刺激反应的时间不同，训练可以缩短反应的时间
八年级《生命科学》第一学期 2.1.2 神经调节的基本方式	1. 学会做膝跳反射实验，理解什么是反射。 2. 学习记录膝跳反射实验结果的方法	指导学生两人一组，轮换角色进行实验，分别让被试者处于放松状态和提醒状况下做膝跳反射，学会做膝跳反射实验，理解什么是反射；重复实验3次，记录结果。学习记录膝跳反射实验结果的方法

23.2 衔接实验设计说明

实验名称	实验来源	实验设计说明
实验一　抓米尺	五年级《自然》第二学期　第三单元　感知外部世界　第4课时　感觉与神经系统	通过抓米尺，测反应的体验活动，说出人体的其他系统直接或间接接受神经系统的调控，体会感觉器官、神经系统和手的协同作用。 教师组织活动时应说明：虽然每个人的反应速度不同，但都是正常的；提醒学生经多次测试后求得的平均值才能反映其反应速度；通过训练能提高反应速度，可引导学生联系学习的过程中，一定量的练习能提高学生对学习内容的理解及对知识的反应运用能力。 在六年级《科学》的"接尺"实验中，学生认识到通过训练能提高反应速度，七年级学生通过做膝跳反射实验观察非条件反射的特点，引导学生被试者在放松状态和提醒状况下实施膝跳反射，分析数据，认识大脑对脊髓的调控作用。在正式实验前教师需要加强对学生操作方法的指导，直至能正确操作为止。在正式实验时，每个学生只测试3次并如实记录结果
实验二　脑做出的判断永远正确吗	七年级《科学》第一学期　第十一章　感知与协调　第五节　脑与感觉	
实验三　比一比谁的反应快		
实验四　观察非条件反射	八年级《生命科学》第一学期　2.1.2　神经调节的基本方式	

主题二十四　测量人体的生理数据

24.1 教学衔接内容分析

教材来源	学习要求	目标达成的途径和方法
二年级《自然》第一学期 8.1 合理运动	1. 通过测量脉搏和呼吸频率,知道运动前后身体状态会发生变化。 2. 认识到长期锻炼有利于身体健康。 3. 通过对平静时和剧烈运动后的心跳正态分布图的分析,初步培养学生的分析能力	1. 测量脉搏的方法:测量手腕处或颈部的脉搏。由于教学实践较为紧张,改为测量半分钟的脉搏数,后面的测量时间也为半分钟。 2. 教师在黑板上粘贴数据可获得关于全班学生的脉搏次数正态分布图。通过正态分布图,学生会发现正常脉搏次数的范围,同时也能发现运动后心跳发生的变化,但个体的变化有所不同,为学生认识长期锻炼有利于身体健康埋下伏笔。 3. 测量呼吸数对二年级学生来讲有一定的难度,不易操作,教师在课堂上应进行辅导

（续表）

教材来源	学习要求	目标达成的途径和方法
六年级《科学》第一学期 第一章 科学入门 第三节 简单的实验技巧	1. 初步学会测量自身的脉搏和心跳频率并如实记录实验结果。 2. 会利用自身的脉搏和心跳规律粗略地估计时间	1. 通过测量平静时及运动后的手腕部或颈部动脉的脉搏及利用听诊器测听心跳的次数，了解自身的脉搏及心跳次数的规律。 2. 在教师正确示范的基础上，学生可按性别分组多次实验，如实记录实验数据
八年级《生命科学》第一学期 1.2.2 什么是人体的内环境	1. 测定几种常见的生理数据，学习人体内环境稳定性的观察方法。 2. 学会正确使用温度计和测量心率的方法。 3. 比较实验结果，理解人体能调节内环境的稳定性	

24.2 衔接实验设计说明

实验名称	实验来源	实验设计说明
实验一 测量脉搏数和呼吸数	二年级《自然》第一学期 第八章 健康生活 第1课时 合理运动	在二年级《自然》的教学中，让学生结合生活经验，首先谈谈自己喜欢的运动，引导学生认识健康成长离不开运动。其次通过脉搏和呼吸测试，了解运动会带来一些身体状态的变化，使学生认识到坚持长期合理锻炼有益于健康。再次通过对

（续表）

实验名称	实验来源	实验设计说明
实验二 测量脉搏和心跳	六年级《科学》第一学期 第一章 科学入门 第三节 简单的实验技巧	剧烈运动后应怎么办的讨论，让学生了解运动中的注意事项，增强自我保护意识。最后通过讨论哪些运动器械适合自己，认识到参加运动要选择合适自己的运动器材，合理运动非常重要。 六年级《科学》的教学中，教师应示范如何正确测量脉搏和心跳；可能少数学生会找不到脉搏，教师应给予及时的帮助和指导。在测听心跳的分组活动中，为了避免尴尬，建议将学生按性别分组进行。
实验三 测量人体的体温		八年级学生通过测量人体的体温、脉搏和唾液的 pH 认识人体内环境的特点。在前一节课教师指导学生正确使用水银温度计测体温，并布置学生回家后测量自己早中晚三次体温及运动前后体温，将数据带到课堂上分析；对运动前后的脉搏、测量方法在六年级时已学过，稍加指导即可，本节课重点是对数据作直方图分析；通过唾液的 pH 实验，教师首先引导学生关注实验过程中的个人卫生和安全，并对精密 pH 试纸的使用加以指导
实验四 测量人体的脉搏	八年级《生命科学》第一学期 1.2.2 什么是人体的内环境	
实验五 测量人体唾液的 pH		

第三章

实验教学衔接课例

第一节　物理——"光的反射"课例研究

1　小学《自然》中"光的反射"课例

1.1　课例说明以及课例目标

1. 课例说明

"潜望镜的秘密"是四年级《自然》第一学期第七单元第二课时的教学内容。大多数学生听说过潜望镜,但潜望镜的内部结构如何,利用光的什么原理来进行观察,学生并不了解。

2. 课例目标

（1）教学目标

• 知识与技能

通过了解潜望镜中两块平面镜的摆放位置,初步了解光在潜望镜中的传播路线,知道潜望镜利用了平面镜对光的反射。

• 过程与方法

通过观察拆开的潜望镜,初步了解潜望镜的内部结构。

• 情感态度与价值观

通过制作潜望镜,进一步了解光在潜望镜中的传播路线,提高动手制作能力。

（2）教学重点与难点

了解光在潜望镜中的传播路线,并能正确制作潜望镜。

（3）课例衔接点

让学生课后思考,潜望镜中的两块平面镜为什么这样安放? 光为什么能按这样的路线传播?

1.2 课堂实录

师:现在,请一位同学当我的小助手。谁愿意?

生:我愿意。

师:你帮我看看同学们都做好上课前的准备了吗? 站在这个位置看得清楚吗?

生:看得很清楚。

教师推出一块 KT 板,用 KT 板挡住学生的视线。

师:现在你还能看见同学们的情况吗?

生:看不见了。

师:为什么现在看不见了呢? 谁能用我们上节课学过的科学原理来解释?

生:光是直线传播的,直线传播的光被这块 KT 板挡住了。

师:遇到这种情况,你们有什么办法吗?

……

2 中学《科学》中"光的反射"课例

2.1 课例说明以及课例目标

1. 课例说明

《光的反射》是七年级《科学》第一学期第十一章第二节"视觉"中的教

学内容。学生在小学《自然》"潜望镜的秘密"一课中学习了相关内容,小学阶段的学习主要强调观察体验和简单的动手实践,而中学阶段的学习更强调学生的探究意识,能设计相关实验来证明自己的假设,并从中进行观察、记录、分析、比较、推理等,对所涉及的科学方法与思维能力都有更高的要求。

在对科学类课程实验教学部分内容进行统整研究后,我们发现潜望镜的工作原理在小学《自然》、中学《科学》和《物理》学科中均有涉及,在以往各自孤立的教学中,我们难免会不断重复,在一定程度上不利于激发学生的学习兴趣。在调整后的衔接教学中,我们可以做到有的放矢,使课堂变得更高效更灵活,或适当增加教学的深度、广度,或给学生更多的探究时间,既有助于教学重点的巩固,也有助于教学难点的突破,使教学时间得到合理配置。

2. 课例目标

（1）教学目标

• 知识与技能

认识一些可开阔视野的光学仪器；

认识平面镜的成像规律；

了解光的反射定律；

应用反射定律解释生活中的一些光学现象。

• 过程与方法

通过实验探究光的反射定律,经历观察、记录、比较分析、表达交流等科学实践活动。

• 情感态度与价值观

体验科学探究过程的曲折和乐趣,养成科学的思维习惯。关注生活中的光学现象；感悟人类在开阔视野方面的杰出成就和智慧。

（2）教学重点与难点

重点：光的反射定律。

难点：应用光的反射定律解释生活中的一些光学现象。

（3）课例衔接点

"光的反射"在九年义务阶段小学四年级《自然》第一学期、七年级《科学》第一学期、八年级《物理》第一学期中都有涉及，且均以实验教学为载体，可以从多方面进行教学衔接。

知识衔接

在小学学习中，通过拆装潜望镜及激光演示观察，学生已经知道潜望镜中的结构和光的变化路径，七年级在此基础上探究形成这一现象背后的本质规律，并运用此规律，解释生活中的相关光学现象。通过这样的衔接，可以减少教学过程中的简单重复，能对重要知识点有针对性地进行解读，使知识更加系统化。

方法衔接

小学对这部分内容学习主要以情景模拟、观察和简单的动手实践等体验活动为主，在体验中了解潜望镜中光的反射现象；初中学生主要通过探究实验寻找这一现象的成因和规律，从直观、感性的学习方法，逐渐过渡到理性，需要学生综合运用设计、观察记录、比较分析、归纳等多种学习方法。

能力衔接

科学的主要特征是探究活动，而探究活动的主要形式是实验。小学阶段根据学生的身心特点，实验多以直观、有趣的观察体验为主，能进行简单的描述即可，而中学阶段要求学生在观察的基础上，能进行初步的设计，并通过规范的实验操作，如实记录实验数据，比较分析后进行科学表达，这对学生在实验探究及科学思维能力等方面有较大提升。

2.2 课堂实录

引入:创设情境——由远及近地辨认卡片上的小字。

师:我先考考大家的眼力,你能看清这张卡片上的字吗?(从讲台位置开始慢慢向学生移近,直至放在某一位学生的眼前。)

生:太远了,字太小,看不清。(学生努力尝试辨认。)

生:(移近后)现在看得见了……

生:(离眼睛很近时)模糊了,看不清。

师:我们的视觉范围发生怎样的变化?

生:我们的视觉是有限的。

【课件演示】洋葱表皮细胞和土星图片

师:既然人类视觉是有限的,那么为何还能看到这么微小的细胞和非常遥远的行星呢?

……

3 中学《物理》中"光的反射"课例

3.1 课例说明以及课例目标

1. 课例说明

"光的反射"是上海教育出版社九年义务教育课本《物理》八年级第一学期第二章第一节的教学内容。光的直线传播、光的反射和光的折射是三种最基本的光学现象,学习光的反射对认识另外两种光学现象起着承上启下的作用;光的反射定律是一个重要的光学规律,是学习平面镜成像的基础。

　　通过小学《自然》、中学《科学》的学习,已经知道了光的直线传播、光的反射现象,并且经历了光发生反射时,反射角与入射角大小关系的探究,但是对反射光线、入射光线的空间关系,法线的作用等学生并不理解,因此对光的反射定律只是机械记忆,认知水平较低。

　　本节课通过小学《自然》中制作的潜望镜引出课题,通过阅读《学生实验手册》,回忆光的反射现象所涉及的物理名词,经历猜测、观察、实验、讨论和交流,认识反射光线与入射光线所在平面与反射面垂直,进一步理解法线的作用。在此基础上自主探究线之间的关系、验证角之间的规律。最后应用光的反射定律,结合光路图解释潜望镜的工作原理。认识物理知识源于生活,又服务于生活的学科理念。

　　2. 课例目标

　　(1)教学目标

　　• 知识与技能

　　知道光的反射现象;

　　理解光的反射定律;

　　知道反射现象中光路的可逆性。

　　• 过程与方法

　　经历探究光的反射中法线形成的原因,感受科学的探究过程,体会小组合作的意义。

　　通过光的反射现象的作用、利用光的反射定律解释生活现象,感受物理知识在生活中的应用。

　　• 情感态度与价值观

　　体会由大到小的科学探究过程,体会小组合作在科学探究过程中的重要性。

（2）教学重点与难点

重点：光的反射定律和应用。

难点：法线的形成。

（3）课例衔接点

知识衔接

小学《自然》、中学《科学》教材中已经介绍过光的反射，通过一定的实验已经知道与光的反射相关的名词以及光的反射定律。这些名词和结论在初中物理中进行了完善，即通过一系列实验，引导学生不断地去质疑结论，讨论交流，完善认知过程。最后再通过新的发现，重新认识并得出光的反射定律。

方法衔接

小学《自然》、中学《科学》教材中注重体验与表述，但中学《物理》教材中注重理解。小学《科学》体验重在观察光从一种介质射向另一种介质时会回到原来介质的现象，知道光会发生反射；中学《科学》教材中学习是借助教师和教具的指引，观察到反射光线会随着入射光线同时靠近或远离法线的现象，并得到光的反射定律；中学《物理》教材中探究法线形成的原因及其作用，通过现象寻求本质，进而对与光的反射现象涉及的名词和定律有更深层次的理解，并将其应用于分析生活中的一些现象。

能力衔接

学生在小学《自然》、中学《科学》教材中对光的反射已有过实验体验，所以他们的观察能力、质疑能力、推理能力及表述能力在研究法线如何形成时得以巩固和提高，感悟观察、交流在科学探究过程中的重要性。整个探究过程都是对学生核心素养的提升。

3.2　课堂实录

（展示潜望镜）

师:同学们,这个装置叫什么?

生:潜望镜。

师:还记得它的工作原理吗?

生:光的反射。

师:没错,今天我们就来探究光的反射。现在老师将一束光线射向平面镜,你能看到光的传播路径吗?

生:看不到。

师:如何显示光的传播路径?

生:喷水(小学自然课上老师用的方法)。

师:这种方法需要持续喷水,桌面上会有很多水,有更好的方法吗?

······

4 "光的反射"衔接实验

序号	实验名称	实验说明
实验一	潜望镜的秘密	建议四年级第一学期使用
实验二	观察光的反射实验	建议七年级第一学期使用
实验三	探究光的反射定律	建议八年级第一学期使用

4.1 实验一:潜望镜的秘密

一、实验过程

1. 观察制作潜望镜的材料。想一想,说一说,潜望镜制作的顺序。

2. 给你的潜望镜画一张原理图,并在下图中画出光在潜望镜中的传播路径。

二、实验步骤

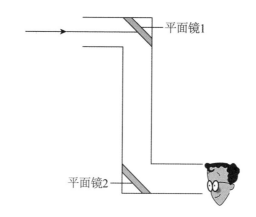

平面镜1

平面镜2

4.2 实验二:光的反射实验

一、实验目的

1. 知道入射角与反射角的大小关系。

2. 学会画光的反射光路图。

二、实验过程

1. 在白纸上画一条直线,在直线上取一点 O,作出它的法线 ON。

2. 将平面镜竖立在直线上方,且与直线重合。

3. 将一细光束对准 O 点并照射到平面镜上。

4. 用铅笔挡住入射光线和反射光线,描出 A 点和 B 点,连接 OA、OB,它们即为入射光线和反射光线。

5. 用量角器测量入射角 i 和反射角 i' 的大小,并记录在下页表中。

6. 改变入射角的大小,重复以上步骤 2 次,并在下页表中记录实验结果。

三、实验记录

在方框中作图画出光的反射光路图。

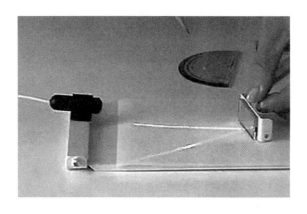

四、实验数据

在表格中记录实验数据。

序号	入射角 $i/°$	反射角 $i'/°$
1		
2		
3		

五、思考

根据实验过程,你发现光的反射还有哪些规律?

反射角的大小_____（选填"等于"或"不等于"）入射角的大小。

我的发现

4.3 实验三：探究光的反射定律

一、实验目的

知道入射光线、反射光线和法线的位置关系。

二、实验器材

橡皮泥、游戏棒、带有小门的光具盘、激光笔等。

三、实验步骤

1. 先用两根游戏棒分别代替入射光线和法线，分别插入橡皮泥中。再用第三根游戏棒代替反射光线，插入反射光线可能的位置。

2. 与其他同学比较，你和其他同学反射光线的位置有何不同。

3. 打开激光笔，将激光射向平面镜，观察反射光线。

4. 将光具盘上的小门向后推开，再次观察反射光线。

四、实验现象

当关上小门时

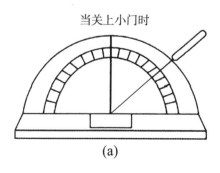

(a)

当推开小门时

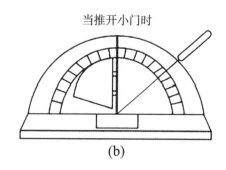

(b)

五、实验结论

当光发生反射时，_____

_____

_____。

六、实验反思

基于实验过程,结合下图思考:在研究光的反射定律时,为什么要引入法线?

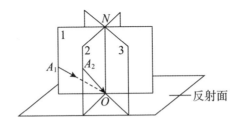

七、学习应用

下图是潜望镜的工作原理图,请利用光的反射定律,画出军舰上某光源 S 发出的光经潜望镜中平面镜两次反射后的光路图。

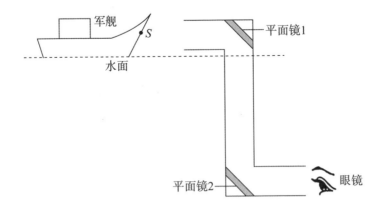

第二节　化学——"物质的溶解"课例研究

1 小学《自然》中"物质的溶解"课例

1.1 课例说明以及课例目标

1. 课例说明

本课是小学《自然》(科教版)三年级第二学期第二单元第一课时,是"物质的溶解"单元的起始课,学生没有学过与"物质的溶解"相关的知识,三年级学生也缺少生活经验,不太了解"物质的溶解"。因此,本课从学生熟悉的生活用品入手,让学生初步感知溶解。通过实验、观察、记录物质与水混合后的情况,发现溶解和不溶解的主要区别和特征。初步了解溶解现象及认识一些能溶解在水中的物质;通过寻找生活中的溶解实例,培养学生挖掘生活中相关溶解现象的兴趣和能力。

2. 课例目标

（1）教学目标

• 知识与技能

初步认识溶解现象;

初步学会判断哪些物质能溶解。

• 过程与方法

通过观察、比较物质与水混合后的情况,初步认识溶解现象;通过实验操作,初步学会判断哪些物质能溶解。

• 情感态度与价值观

了解一些生活中利用水溶解物质的实例,产生探究溶解现象的兴趣,体会溶解现象在实际生活中的重要应用。

(2)教学重点与难点

重点:使学生知道有些物质能溶解在水中,有些物质不能溶解在水中。

难点:初步判断物质在水中是否溶解。

(3)课例衔接点

结合"以实验为衔接点的九年一贯科学领域课程衔接研究与实践"的课题,为了能更好地与初中《科学》和《化学》教材中有关溶液的学习内容进行衔接,在《自然》"物质的溶解"的教学中初步拓展了气体也能在水中溶解的事例,并引导学生描述、归纳溶液的概念,最后还引导学生就"物质的溶解"提出自己的疑问,教师结合本节课的学习内容进行解答。有些问题在小学阶段学生还不能理解,教师会提示学生将来进入初中后会得到解决的,体现课程的衔接性和延续性,也为初中科学和化学课程的学习奠定基础。

1.2 课堂实录

第一部分 引入

师:同学们,我们先来观察这三杯水,你发现有什么不同吗?

学生:看不出来,能让我闻一闻吗?

师:好,你来闻一闻。

请一个学生分别闻一闻三杯水的气味。

学生:闻不出气味,可以让我尝一尝吗?

师:嗯,这三杯水可以尝一尝,但是我要提醒大家,科学实验中是不允许尝味道的。

请一个学生分别尝一尝三杯水的味道。

师：通过尝味道，你有什么发现吗？

学生：咸的，里面有盐；甜的，里面有糖。

师：说得好。那么，为什么我们看不到水中的盐和糖呢？

学生：溶解了。

师：这就是我们今天要研究的课题：溶解。出示PPT1溶解。

……

第二部分　实验一

出示PPT2溶解所需的实验仪器。

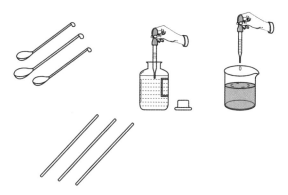

师：做溶解实验需要用到的一些仪器：药匙用于取用粉末状固体，滴管用于取用少量液体，玻璃棒用于搅拌，以加快固体溶解。

播放 PPT3 实验一记录单。

实验一　认识溶解现象

实验过程

在水中分别加入少量食盐、蔗糖和沙,充分搅拌,静置后观察实验现象(在空格中填入合适的序号)。

（1）浑浊

（2）颗粒变小了,变少了

（3）看不到颗粒了

（4）颗粒没有变化

（5）颗粒沉淀在杯子底部

（6）颗粒完全溶解在水中,杯子中液体澄清、透明

食盐与水	蔗糖与水	沙与水

师:这是实验一的记录单,认识溶解现象。本实验有下列注意事项:

用药匙分别取盐、糖和沙放入水中时,分别取少量即可;

用玻璃棒搅拌时,一定要充分,不能搅拌一下就停止;

搅拌后需要静置观察,不要拿在手里摇晃观察。

现在请大家仔细阅读实验单,把观察到的现象序号填入表格中。（边讲边演示。）

学生开始实验,教师巡回指导并拍照。

学生上台交流,教师把相关照片传至屏幕。

出示 PPT4 溶解概念。

师:根据刚才的交流,我们可以得出溶解的科学概念是:像食盐、蔗糖等化成极小的肉眼看不见的颗粒,均匀地分布在水中的现象叫溶解。

（板书:溶解 食盐 蔗糖 不溶解 沙）

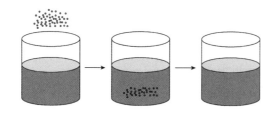

像食盐、蔗糖等化成极小的肉眼看不见的颗粒

2 中学《科学》中"物质的溶解"课例

2.1 课例说明以及课例目标

1. 课例说明

"物质的溶解"是七年级《科学》第一学期第八章第一课时的教学内容。虽然学生在小学自然课上已经完成了对物质溶解过程中出现的两种情况——"溶"与"不溶"的认识,对物质在水中的溶解情况有了初步了解,但对溶液的组成不了解;虽然认识到生活中的一些溶解现象,但对影响物质溶解快慢的因素没有完整的认识。本节课中有关物质的溶解是在小学《自然》教材的基础上进行完善和提升,衔接后学生对物质在水中的溶解会有更高的认识。

2. 课例目标

（1）教学目标

· 知识与技能

了解溶液的组成,学会分析溶液中的溶剂和溶质;

以糖在水中溶解为例,了解影响溶解快慢的因素。

- 过程与方法

通过探究影响物质溶解速度的因素，初步体验科学探究的过程，初步了解科学探究的方法及控制变量的运用。

- 情感态度与价值观

在探究活动中，初步养成倾听和与他人协作、交流的习惯，敢于依据客观事实提出自己的见解。

（2）教学重点与难点

重点：建立溶液的概念，认识溶液、溶质、溶剂三者的关系；了解影响溶解快慢的因素。

难点：糖在水中溶解快慢影响因素的探究过程。

（3）课例衔接点

"物质的溶解"在九年义务阶段四年级《自然》第一学期、七年级《科学》、九年级《化学》中都有涉及，且都为实验教学内容。教学时可在多方面进行衔接。

知识衔接

在小学自然课上，学生已经动手操作过在食用油、硫酸铜、红墨水、粉笔屑中加入水，观察"溶解"现象，所以这节课直接由教师演示向食盐、硫酸铜、沙粒、粉笔屑中加水的溶解实验，引导学生回忆和复述，然后引导学生用科学术语来描述可溶物质与不可溶物质，进一步建立溶解的概念。

在自然课上，学生已经初步了解了"生活中的溶解实例"，这节课在小学自然课的基础上，再结合自己的生活实际通过探究活动认识"影响溶解速度的因素"，学生的理解会更透彻。

方法衔接

小学自然课上注重体验向食用油、硫酸铜、红墨水、粉笔屑中加水的实验过程，观察物质溶解的现象并学会用文字表达——食盐和硫酸铜颗粒在水中慢慢不见了、溶解了……在七年级科学课上需要引入概念——可溶物质和不可溶物质,学生根据实验现象,比较、归纳得出食盐和硫酸铜是可溶物质,而沙粒和粉笔屑是不可溶物质。

小学自然课上的体验重在结合生活中的溶解实例认识溶解现象,这节课根据溶解现象归纳溶液的组成,分析溶液中的溶质和溶剂。从实际生活中糖溶解的实例出发,探究影响溶解快慢的因素。

能力衔接

在表达、实验设计和分析、质疑等能力方面,本节课尝试与小学自然课进行衔接。

学生在小学自然课上对"物质的溶解"有了实验体验,对实验现象的记录和描述还较为"口语化"。本节课学生在回忆和观察演示实验的基础上,教师引入概念:可溶物质和不可溶物质,同时对溶液的概念、溶液的组成进行讲解,结合上述演示实验,再分析、归纳哪些物质是可溶物质和不可溶物质,用规范的科学术语进行表达。

小学自然课结合生活中的溶解实例认识溶解现象。本节课以此作为情景引入探究影响溶解快慢的因素,学生结合生活中的实际体验,先预测各种因素对溶解快慢的影响,再进行讨论、设计实验方案,然后根据自己设计的方案进行实验、得出结论。进一步体验科学探究的过程,掌握科学探究的方法及控制变量法的应用。

(4)教学准备

教学器材

硫酸铜晶体、沙粒、粉笔屑、水、食盐、100 mL 烧杯、50 mL 量筒、玻璃棒、冰糖屑、冰糖块、电子天平。

教学资源

PPT 课件。

2.2 课堂实录

......

3 中学《化学》中"物质的溶解"课例

3.1 课例说明以及课例目标

1. 课例说明

本节课是九年义务教育课本《化学》(上海教育出版社)九年级第一学期(试用本)上册第三章《走进溶液世界》第二节"溶液"中的第一课时教学内容。自然界中充满了物质溶解现象,溶液作为一种重要的分散体系,在生活、生产和生命活动中具有重要的作用。学生在学习水的组成和性质的基础上,理解物质溶解性的影响因素,为进一步学习物质的溶解度打下基础。

在各种物质的溶解实验中提出有关物质溶解能力的问题,对可能影响溶解性的因素提出合理的假设,设计实验探究各种因素对溶解性的影响。通过"DIS-电导率传感器"仪器探究溶解性与温度之间的相互关系,体验实验假设需要科学实验数据的佐证,感悟化学的魅力。

2. 课例目标

(1) 教学目标

• 知识与技能

知道物质的溶解性;

理解影响物质溶解性的因素。

• 过程与方法

通过探究影响物质溶解性因素的学生活动,初步学会在假设的基础上设计实验,记录实验现象和有关数据,进一步通过分析得出结论。了解科学探究的一般过程,获得科学方法的体验。

- 情感态度与价值观

通过硫酸铈的溶解性与温度的实验探究,了解温度对溶解性的影响,体验实验假设需要实验佐证,解释科学与生活经验之间的差异,初步养成实事求是的科学精神。

（2）教学重点与难点

重点:影响物质溶解性的因素。

难点:固体物质溶解性与温度的关系。

（3）课例衔接点

"物质的溶解"在九年义务阶段四年级《自然》第一学期、七年级《科学》、九年级《化学》中都有涉及,且都为实验教学内容。教学时可在多方面进行衔接。

知识衔接

九年级学生曾在小学"自然"课上观察并记录物质溶解的过程,在七年级"科学"课上理解了溶液的知识,并实验探究了影响物质溶解快慢的因素。所以,本节课教师以此为教学引入,引导学生回忆相关内容,基于学生已有的知识背景,通过一系列由浅入深的探究活动,了解影响物质溶解性的因素。在"自然"课上,学生已经初步了解了"生活中的溶解实例",这节课在小学"自然"课学习的基础上,再结合自己的生活实际,通过探究活动认识"影响溶解速度的因素",学生的理解会更透彻。

方法衔接

学生在七年级"科学"课上积累了自主研究设计影响物质溶解快慢因素的基础,初步感受了对照试验、控制变量法等实验探究的一般方法。本节课提出有关物质溶解能力的问题,对可能影响溶解性的因素提出合理的假设,设计用实验探究对溶解性影响的各种因素。在实验探究的设计上,学生从模仿到简单设计,了解科学探究的一般过程。

能力衔接

在自然课上较多关注学生观察实验的能力,在"科学"课上以规范学生实验基本操作为主,关注学生动手实验、观察并正确描述实验现象的能力。在化学课上我们更多地关注学生实验探究的能力。我们发现学生在日常生活中接触到的固体物质的溶解性随温度升高而增大,对固体物质溶解性随温度升高而减小的现象,学生只能通过阅读课本内容,才稍有了解,缺乏实验基础。探究活动利用电导率传感器和温度传感器探究溶解性与温度之间的关系,提升学生读取数据图表的能力,运用信息化手段获取知识的能力。

(4)教学准备

药品:白糖、食盐、淀粉、硝酸钾、硫酸铈、硼酸、酒精、冷水、热水。

仪器:试管、烧杯、玻璃棒、恒温电子搅拌器、电导率传感器、温度传感器。

(5)教学流程

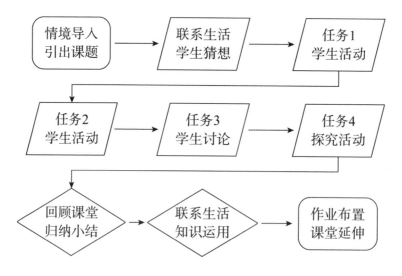

教学说明

任务1:学生探究溶质性质与物质溶解性的关系。

任务2:学生探究溶剂性质与物质溶解性的关系。

任务3:学生设计实验探究硝酸钾的溶解性与温度的关系。

任务4:学生探究硼酸、硫酸铈溶解性与温度的关系。

3.2 课堂实录

……

4 "物质的溶解"衔接实验

序号	实验名称	实验说明
实验一	认识溶解现象	建议三年级第二学期使用
实验二	物质的溶解	建议三年级第二学期使用
实验三	找出影响溶解快慢的因素	建议七年级第一学期使用
实验四	白糖、食盐和淀粉溶解性的比较	建议九年级第一学期使用
实验五	比较硝酸钾在不同溶剂中的溶解性	建议九年级第一学期使用
实验六	比较硝酸钾在不同温度下的溶解性	建议九年级第一学期使用
实验七	探究溶解性与温度的关系	建议九年级第一学期使用

4.1 实验一:认识溶解现象

一、实验过程

在水中分别加入少量的食盐、蔗糖和沙,充分搅拌,静置后观察实验现象,在下列表格中的空白部分选填合适的序号。

(1) 很浑浊

(2) 物质颗粒变小了,变少了

(3) 看不到物质颗粒了

(4) 颗粒没有变化

(5) 物质沉淀在杯子底部

(6) 物质与水完全溶在一起了,杯子中的液体变得澄清、透明

二、实验记录

食盐与水	蔗糖与水	沙与水

物质的溶解现象是_____。

我的发现

_____

_____。

我的疑问

4.2 实验二:物质的溶解

一、实验目的

1. 能区分可溶性物质和不可溶性物质。

2. 了解溶液的形成和组成。

二、实验过程

1. 准备 4 只完全相同的烧杯,各倒入 50 mL 清水。

2. 将半药匙食盐、硫酸铜、沙粒和粉笔屑分别加入 4 只烧杯的清水中,用玻璃棒搅拌 1 分钟。

3. 观察它们的溶解情况。

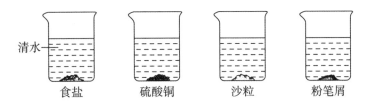

清水

食盐　　　　硫酸铜　　　　沙粒　　　　粉笔屑

三、实验记录

以上物质中可在水中溶解的有_____;

以上物质中不可在水中溶解的有_____。

四、实验结论

我们把在水中溶解的物质称为_____;

我们把在水中不能溶解的物质称为_____。

4.3 实验三:找出影响溶解快慢的因素

一、实验目的

1. 选择合适的仪器和材料设计实验探究过程。

2. 通过实验找出影响溶解快慢的因素。

二、实验过程

1. 我的假设:影响溶解快慢的因素有 _____。

2. 任选一个因素进行探究。

3. 选择合适的仪器和材料:100 mL 烧杯、玻璃棒、电子天平、50 mL 量筒、冰糖块、冰糖屑、水、热水等。

4. 我设计的操作步骤:

	溶解过程	搅拌	不搅拌
实验一			
	溶解的情况	（ ）快（ ）慢	（ ）快（ ）慢
实验二	溶解过程	常温	加热
	溶解的情况	（ ）快（ ）慢	（ ）快（ ）慢
实验三	溶解过程	块状	粉末状
	溶解的情况	（ ）快（ ）慢	（ ）快（ ）慢
实验结论			

4.4 实验四：白糖、食盐和淀粉溶解性的比较

一、实验设计

二、实验现象

白糖_____（选填"全部""部分"或"没有"，下同）溶解，食盐_____溶解，淀粉_____溶解。

三、实验结论

相同条件下，_____的溶解性更大。

溶质性质_____（选填"是"或"不是"）影响物质溶解性的因素。

4.5 实验五：比较硝酸钾在不同溶剂中的溶解性

一、实验过程

请模仿实验四，完成本实验的表格设计（请在表格中选填"相同"或"不同"）。

溶质性质	溶剂性质	溶剂温度

温度：_____   温度：_____

_____mL水   _____mL酒精

二、实验现象

硝酸钾_____（选填"全部"或"不能全部"，下同）溶于水，_____溶于酒精。

三、实验结论

相同条件下，硝酸钾_____（选填"易"或"难"，下同）溶于水，_____溶于酒精。

溶剂性质_____（选填"是"或"不是"）影响物质溶解性的因素。

4.6 实验六：比较硝酸钾在不同温度下的溶解性

一、实验过程

请自行设计实验验证猜想，提供的药品有冷水、热水、硝酸钾固体。

溶质性质	溶剂性质	溶剂温度

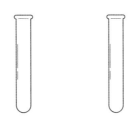

二、实验结论

硝酸钾的溶解性随温度的升高而_____（选填"增大"或"减小"）。

4.7 实验七:探究溶解性与温度的关系

一、实验步骤

1. 分别配制常温下饱和硼酸溶液和饱和硫酸铈溶液。

2. 将两种溶液分别置于烧杯中,放置在恒温器上,用 DIS 电导率传感器测定溶液的电导率。（电导率是物体传导电流的能力。水溶液的电导率与溶液中离子浓度成正比,溶液中离子浓度越高,电导率越大。）

3. 将温度设定为 80℃,通过 DIS 电导率传感器和温度传感器,观察溶液的电导率随温度变化的曲线。

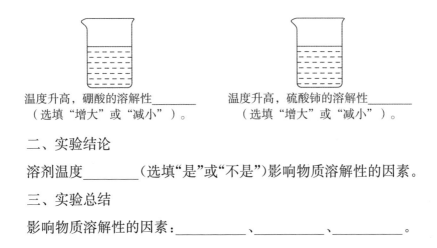

温度升高，硼酸的溶解性_____
（选填"增大"或"减小"）。

温度升高，硫酸铈的溶解性_____
（选填"增大"或"减小"）。

二、实验结论

溶剂温度_____（选填"是"或"不是"）影响物质溶解性的因素。

三、实验总结

影响物质溶解性的因素：_____、_____、_____。

第三节 生命科学——"不良生活习惯对健康的影响"课例研究

1 小学《自然》中"吸烟和酗酒的危害"课例

1.1 课例说明及课例目标

1. 课例说明

"吸烟和酗酒的危害"是五年级《自然》第二学期第六单元第三课时的教学内容。吸烟和酗酒是生活中的常见现象,学生或多或少知道这些行为对人体健康是有危害的。但是,吸烟和酗酒有哪些危害?是怎样危害人体健康的?……不是很清楚。

2. 课例目标

（1）教学目标

通过实验和视频,了解吸烟的危害,列举吸烟对健康的主要危害;懂得吸烟有害健康。

通过交流、讨论、观看视频,了解酗酒的危害,列举酗酒对健康的主要危害;懂得饮酒需适量。

通过调查家庭成员嗜好烟酒的情况,讨论劝阻方法,有关注公众健康的意识,具有社会责任感。

（2）教学重点与难点

吸烟与酗酒的危害。

3.课例衔接点

小组讨论实验方案,通过香烟水让虫子不咬植物,来证明吸烟的危害。

1.2 课堂实录

师:课前,教师让大家对家长吸烟和饮酒情况进行调查,现在我们来交流一下大家的调查情况。首先是吸烟情况。

生:我爸爸经常抽烟,一天要抽好几根,而且在房间里抽。

生:我爸爸偶尔抽烟,有时候会被妈妈赶到阳台上去抽烟。

生:我爸爸不抽烟。

……

师:在我们班学生的家长中,有抽烟的,也有不抽烟的。在抽烟的家长中,有的抽得多,有的抽得少。你们觉得家长的抽烟行为会影响家人的身体健康吗?

生:我觉得会影响家人的身体健康。

师:吸烟是否会危害人体健康呢? 我们能否通过实验来验证呢? 这里有一杯浸泡过香烟头的水,还有两盆长势差不多、长有差不多大小的小番茄的藤,藤上的小番茄是毛毛虫喜欢的食物。有了这些条件,你们认为如何设计实验。

小组讨论。

生:给一盆中的小番茄定期喷浸泡过香烟头的水,另一盆中喷等量的清水。看毛毛虫对小番茄的危害情况。

师:为什么只喷一盆而不是两盆都喷浸泡过香烟头的水?

生:都喷的话就没有办法比较了。

师：小番茄长得差不多大小，在实验过程中会不会搞错？怎样处理后就不会搞错？

生：给它们贴上标签。

师：设计方案不错，两盆小番茄，一盆喷浸泡过香烟头的水，另一盆喷等量的清水。观察毛毛虫咬哪一盆中的小番茄。现在，请大家按照刚才的设计方案来完成实验。下课后，我们把小番茄放到室外。

完成实验。

师：这个实验需要一段时间才有结果，下面我们先来看另一个实验。

观察实验：香烟烟雾中的蚊子。

师：在这个实验中你观察到什么？

生：蚊子都死掉了。

师：蚊子在香烟的烟雾中无法生存，说明香烟的烟雾对蚊子是有害的。不过，实验对象是蚊子，对人体健康有影响吗？哪里能找到吸烟有害健康的证据？

生：网上看过吸烟有害健康的视频。

生：香烟外壳上写有"吸烟有害健康"的字样。

师：香烟外壳上给我们提供了哪些信息？让我们一起看一看。

观察香烟外包装。

师：你们有什么发现吗？

生：香烟外壳上有"吸烟有害健康"的字样。

生：香烟外壳上还写有焦油、烟气、烟碱及含量。

师：大家观察得很仔细，焦油、烟气、烟碱都是香烟中的有害物质。吸烟时，会吸入哪些有害物质？这些有害物质又有哪些危害？让我们带着这些问题来看视频。

看视频：吸烟对健康的危害。

生:香烟中所含的主要有害物质有尼古丁、一氧化碳、焦油。吸烟会使人上瘾、损伤大脑和心脏等器官、损害人体呼吸功能。

板书:吸烟的危害,诱发疾病。

师:吸烟会影响健康。其实"二手烟"对人体也有危害。回家后,如果家里有人吸烟,你觉得自己可以做什么?

生:跟爷爷说不要吸烟了,对身体不好。

生:和爸爸说,你吸烟,我和妈妈会成为"二手烟"的受害者。

生:我爸爸不听我的。

师:不管家里吸烟的大人是否会听你们的劝告,你们可以尝试和他们沟通。如果大人不听,你要学会自我保护。大人吸烟的时候,你可以到别的房间去,并关上房门。最好劝他们去外面吸烟。

师:了解了吸烟对人体健康的危害,我们再来看有关饮酒的常识。先来交流家长的饮酒情况。

生:我爸爸每天喝酒。

生:我爸爸偶尔喝酒。

师:你们觉得自己的家长算不算酗酒?

生:算。

生:不算。

师:到底算不算酗酒呢? 我们看书上的两张图片,大家一起分析酗酒的表现。

观看书上的图片。

师:两张图片中,你认为有酗酒的情况吗?

生:右边这张图是酗酒,他喝了很多的酒,而且醉倒在地。

师:说得有道理。我们通常把没有节制、过量饮酒的行为称为酗酒。我们班家长有类似酗酒的情况吗? 酗酒后有哪些反应?

生：喝醉了，睡着了，会呕吐。

师：酗酒会对人体健康造成危害，具体会怎样？我们一起看视频。看的时候请注意酗酒对健康有哪些危害，看完后一起讨论。

生：会使人萎靡不振，会使大脑功能衰退，会损伤肝脏。

板书：酗酒的危害，会诱发疾病。

师：其实，酒精会使人体产生损伤。不过，少量喝酒人体还可以承受。酗酒不会像吸烟一样产生"二手烟"的危害。但是，回家后我们也要尽量劝家长少饮酒，适量饮酒。你们有信心劝住家长吗？

生：有，不许爸爸多喝酒。

师：在生活中，我们肯定会遇到吸烟和酗酒，在劝诫家长不要吸烟、酗酒的同时，你们长大后也要注意：不要因好奇或其他原因而吸烟和酗酒。一旦人体产生了依赖，要戒掉是很困难的。现在，我们先尽量劝诫家长少吸烟，少喝酒。

2 中学《科学》中"吸烟对健康的影响"课例

2.1 课例说明及课例目标

1. 课例说明

"吸烟对健康的影响"是六年级《科学》第二学期第七单元第 5 节的教学内容。通过小学《自然》中相关内容的学习及生活中的认知体验，六年级学生对吸烟的危害已具有初步的感性认识，但对系统知识的理解和掌握尚有不足。通过本节课的学习，引导学生观察与思考相关的实验及实例，让学生知其然更知其所以然，了解吸烟所带来的伤害，培养学生的健康意识。课后,针对日趋严重的环境污染和呼吸道等疾病的高发率,设计"禁烟"的宣传口号。将课堂延伸至生活,不但体现初中《科学》的学科价值,也进一步培养学生的健康观念和环保意识。

2. 课例目标

（1）教学目标

通过观察相关图片、视频、实例,了解香烟中的主要有害成分及对人体和环境的危害。

通过吸烟过程中的模拟实验和小鼠实验,明确吸烟和被动吸烟的危害,在归纳交流中感受加强健康意识的重要性。

（2）教学重点与难点

重点:吸烟对人体和环境的危害。

难点:香烟中的成分对人体的危害。

3. 课例衔接点

通过演示观察"过滤嘴能完全滤去焦油吗"及"'二手烟'对小鼠的影响"两个实验,使学生直观认识到焦油及"二手烟"的危害。

2.2 课堂实录

师:课前,同学们进行了有关吸烟情况的问卷调查,现在我们来交流调查情况。

生:从班级调查的情况看,家中有人抽烟的比例约为 30%,平时会吸到"二手烟"的比例约为 40%,认为吸烟有害健康的比例为 5%,知道吸烟会危害人体健康的比例为 45%。

生:从网上调查中我们共收到 87 份问卷,其中 85 份是有效问卷。

师:从同学们的调查报告中不难发现,周围吸烟者的比例还是比较高的,其中还有一部分人并未意识到吸烟的危害,即使认为吸烟有害的人也不清楚到底有哪些危害。同学们,接下来就让我们一起探讨这个问题。

活动1　吸烟的危害

教师依次出示图文、视频等资料,师生互动交流,认识吸烟对肺的影响、香烟中的有害成分及其对健康的具体危害等。

师:上述资料说明吸烟对健康的危害是很大的,但很多人不以为然,而且很多品牌的香烟在宣传中声称"在香烟上装过滤嘴会减少焦油含量",以此鼓励人们吸烟。那么,事实真的如此吗? 让我们通过模拟实验来验证。

活动2　过滤嘴能完全滤去焦油吗

教师介绍做对照实验所需的装置和用品:洗耳球、玻璃管、酒精棉花、带过滤嘴和不带过滤嘴的香烟各1支、点火器;提醒学生实验观察的对象并进行实验演示,学生进行观察比较并记录。

师:同学们看到了什么现象? 说明了什么?

生:我看到带过滤嘴和不带过滤嘴香烟的烟雾都会使酒精棉花变黄,说明带过滤嘴的香烟并不能完全滤去焦油,因此仍会对我们的健康造成危害。

师:非常好,同学们思考一下,实验中的玻璃管其实就相当于人体呼吸道,那么,根据实验结果,我们可以想象到会发生什么情况吗?

生:我觉得当香烟的烟雾经过人体呼吸道时,部分焦油就会黏附在呼吸道的管壁及肺泡中,导致我们的呼吸道和肺变黄发黑,并引起疾病。

师:是的,日积月累,最终会影响我们的呼吸功能甚至引发器官病变,造成无法逆转的危害。(图示长期吸烟者的呼吸道和肺内情况。)

师:长期吸烟的人对自身健康的危害是毋庸置疑的,对被动吸入"二手烟"的人有危害吗?

生:我觉得有危害,我闻到烟雾就觉得很难受。

生：我也认为有危害，有时被刺激后咽喉部位感到不舒服，甚至引起咳嗽，所以我们都不准爸爸在家抽烟。

师：让我们用实验来验证。

活动3 "二手烟"对小鼠的影响

教师介绍实验装置，并播放实验视频，学生观察小鼠的反应并记录。

师：同学们看到了什么现象？

生：我发现吸入烟雾的小鼠闭上了眼睛，呼吸也变得急促，有点抽搐，最后死了。没有吸入烟雾的小鼠则一切正常，比较活跃。

师：由此说明"二手烟"对健康有危害吗？

生：对的。

教师出示资料，具体说明"二手烟"对健康的危害。

师：了解了"二手烟"的危害后，对你有何启发？是否会改变你家庭中不良的生活方式？

生：我一定要劝我爸戒烟，就算戒不掉也不能在家抽烟。

生：在公共场合要考虑对他人的影响，不能随意吸烟，最好去指定的吸烟区吸烟。

生：我以后绝对不会吸烟。

师：看来同学们对吸烟的危害已经有了较深刻的感触，希望大家在勇于劝诫家长、亲戚、朋友不要吸烟的同时，自己长大后也不要尝试吸烟，吸烟既浪费钱又影响健康，实在得不偿失。让我们远离烟草、珍爱生命。

课后活动：设计"禁烟"的宣传标识。

教师介绍活动要求，由学生组队调查，了解我国禁烟方面所采取的措施，设计"禁烟"的宣传标识。

3 中学《生命科学》中"探究酒精对水蚤心率的影响"课例

3.1 课例说明及课例目标

1. 课例说明

本节课是初中《生命科学》(沪教版)第一册第三章第 2 节主题三"生活方式与常见非传染病"第 1 课时的内容。依据《课程标准》和《学科基本要求》,学习水平为 B 级。对学生的能力培养要求较高。

学生经过六、七年级"科学"课程的学习,在实验设计中已初步具有设置对照实验和重复实验的思想,但对实验细节缺乏思考,实验实施能力较薄弱。学生实验数据记录往往不及时,汇总和分析数据的效率较低。此外,本实验是学生在初中《生命科学》学科实验中首次接触小型活体动物材料。学生容易兴奋,也可能在实验中被水蚤透明的身体结构所吸引而影响实验效果和效率。

本节课从科学探究的一般规律入手,从新闻中提出问题、做出假设,并在教学过程中,突出实验对象的选择和实验方案的设计。首先通过学生小组内讨论,全班交流,小组之间互评及教师点拨,引导学生关注实验中的细节问题,进一步完善实验方案;然后依据实验方案开展实验活动,并记录实验数据;最后将所有小组的实验数据进行汇总。在实验数据的汇总中,尝试让学生将数据用不同颜色的小磁铁展示在坐标图中,利用散点图统计较多样本的水蚤心率变化趋势。最终把分析水蚤心率的全班汇总数据绘制成折线图,尝试得出科学的实验结论。通过这一系列探究活动,不仅可以逐步提高学生的实验探究能力,培养科学思维,还引导学生感悟酗酒等不良生活方式对健康的影响,崇尚并宣传健康的生活方式,形成社会责任,进而为后续讨论生活方式与常见非传染病的关系做准备。

2. 课例目标

(1) 教学目标

设计酒精对水蚤心率影响的实验方案,学会控制实验变量,设置对照实验和重复实验等,体验科学探究的一般方法。

通过实验提高学生的观察、思维、分析和实验动手能力,选择合理的记录方式,初步学会对实验数据进行分析和处理。

分析比较实验结果,知道酒精会对水蚤心率造成不同程度的影响,同时感悟酗酒等不良生活方式对健康的危害,从而养成健康的生活习惯。

(2) 教学重点与难点

学会科学实验的一般方法。

通过探究酒精对水蚤心率的影响,解释酗酒对人体健康可能造成的危害。

3. 课例衔接点

小组讨论设计酒精对水蚤心率影响的实验方案,探究酒精对水蚤心率造成的影响,感悟酗酒等不良生活方式对健康的危害。

3.2 课堂实录

师:我在手机上看到过两则新闻:(1)某市男子聚餐醉酒后因酒精中毒引发心脏疾病而猝死。(2)某市一名初中男生在过生日时过量饮酒导致酒精中毒,最终因心脏功能衰竭而失去生命。从这两则新闻推测,过量饮酒对人体有什么伤害?

生:对心脏有伤害。

师:接下来我们探究酒精对心率的影响,我们选择什么动物作为实验对象呢？嗯，看一看，你们桌上的烧杯中有什么小动物？

生：水蚤。

师：我们为什么要选择水蚤作为实验对象呢？你们肉眼看得清吗？把它们放在显微镜下观察，你们有什么发现？

生：水蚤的身体半透明，所以在显微镜下可以清楚地观察到水蚤的心跳。

师：你们知道哪个是水蚤的心跳部位？请同学上台来指一下……

学生上台指认。

师：对了。注意不要把它腹部腹肢的运动误认为是心跳。其他同学在活动单上标出水蚤心脏的位置。我们知道水蚤的心脏位于身体的背部。我们从视频中看到水蚤的正常心率很快，我们在显微镜下也很难数清它的心率，怎么办呢？

生：利用手机的"慢动作"。

师：真聪明，同学们观察到老师把手机连在显微镜上，所以这样猜的，对吗？将手机摄像头对准显微镜的目镜，可以拍摄到显微镜视野中的物体，因为水蚤的心率很快，有的可以达到每分钟300多次，所以在实验中我们只计算水蚤10秒内的心跳次数，然后将10秒心跳次数×6就是水蚤的心率。我们看到水蚤后，打开手机中相机的"慢动作"功能，拍摄10秒，然后编辑视频，将进度条拉至最左和最右就完成了，再点开播键就可以在慢速的模式下数清楚水蚤在10秒的心跳次数。好，解决了水蚤心率的计数问题，接下来我们一起探究酒精对水蚤心率的影响。

师：首先假设，你们认为酒精对水蚤的心率有影响吗？是加快还是减慢呢？提供以下实验器材和用品：水蚤、单孔凹面载玻片、酒精溶液、显微镜、停表、吸管。怎样设计这个实验？在实验设计上需要注意哪些原则？

生：控制变量、重复试验、设置对照。

师：很好，控制变量又叫单因子实验原则，请同学们分析在这个实验中可能有哪些影响实验结果的因素？

生：水蚤个体的大小、酒精浓度、水蚤在酒精中的静置时间……

师：这个实验中的变量是什么？

生：酒精浓度。

师：我们设置不同的酒精浓度 5％、10％、15％、20％，观察对水蚤心率的影响，其他因素都保持一致。

师：根据对照原则，这里的实验组和对照组分别是什么？

生：清水和酒精。选一只水蚤，分别观察、计算它在清水和某一浓度酒精中的心率。

师：根据重复原则，每组实验重复三次。

请同学们两人一组，一起讨论，然后把讨论好的实验方案或流程图简要地写在学习单上。

（小组讨论实验方案。）

师：现在请大家说一说自己的设计方案。

生：……

师：嗯，设计得不错，我们一起分析实验设计方案。

我们看，她已经考虑了对照实验，将一只水蚤先放在清水中，数它 10秒内的心率，再把清水吸干滴入酒精，静置，再数它 10 秒内的心率。这叫自身对照法，用的是同一只水蚤。另外还设计了将水蚤分别放入 5％、10％、15％、20％四种浓度的酒精溶液中，这四种浓度之间又形成了平行对照。请问你具体打算怎么做。例如，测一只水蚤分别在清水和 5％酒精溶液中的心率，然后继续用这只水蚤测它在 10％、15％ 和 20％酒精溶液中的心率吗？

生：不是，是另取一只大小差不多的水蚤做它在清水和 10％酒精溶液中的心率,以此类推。

师:很好,注意一只水蚤只能做一组实验,否则会产生实验误差。从设计中我们还看到哪些地方有控制变量。例如,提到选取大小相近的水蚤,这里还有一个问题,将酒精滴到水蚤上,是马上计算心率吗?

生:静置1分钟。

师:很好,每次试验都是滴好酒精静置1分钟,这也是控制变量。

另外,还考虑了要重复3次实验来增加可信度。这里,请同学们在学习单上设计一个表格来记录实验数据。由于时间关系每组只做一个浓度的实验,不同小组之间形成平行对照;由于我们班有12个组,那么我们会有三个小组做同一个浓度的实验,形成平行重复,结果更可靠……我们整理一下实验步骤,请一个同学上来排序。

生:第一步取一只水蚤;第二步吸去多余的水分;第三步在显微镜下数它10秒内的心率,乘以6后记录它在清水中的心率;第四步吸干水分,滴一滴酒精,静置1分钟;第五步吸去多余的酒精,计数。并重复实验三次。

师:我们看到有两次吸水的过程,第一次吸水的目的是什么?

生:控制水蚤的活动范围,方便计数。

师:第二次吸干的目的是什么?

生:防止降低酒精的浓度。

师:第三次吸酒精的目的是什么?

生:和第一次吸水的原理相同,控制水蚤的活动范围。

师:实验数据记录分为两个部分:第一部分,将三次实验数据乘以6后记录在自己设计的表格中,并算出平均值;然后做同一酒精浓度的三个小组组成一个大组,大组长要将三个小组的平均值收集起来后再计算大组的平均值,最后汇报。第二部分,每个小组都拿到了2只不同颜色的磁子,小组长负责将三次实验的平均值数据用磁子贴在直角坐标系中,横坐标表示酒精浓度,纵坐标表示心率。例如,用5‰酒精溶液做实验,测得水蚤在清水中心率为210,在5‰酒精溶液中的心率为180。把黑色磁子放在清水这根线对应的210处,把绿色磁子放在5‰这根线对应的180处。注意其他浓度也是一样,黑色磁子表示清水中的,绿色表述酒精中的。接下来开始你们的实验。

学生开始实验。

师:大家基本完成了实验,我们来分析一下实验数据,所有小组的实验数据都已经放在表中,从这张统计表中,可以初步得出什么结论?

生:酒精会减慢水蚤的心率。酒精浓度越高,心率越慢。当酒精浓度达到20‰时,大部分水蚤的心率会停止。

师:与你们的假设一致吗?

生:一致。

师:我们对实验数据的分析要更加严谨,我这里统计的是全班实验数据的平均值,清水:210;5‰酒精:156;10‰酒精:126;15‰酒精:96;20‰酒精:0。

我们根据统计结果作折线图。请同学们说一说两个坐标轴分别代表的意义。

生:……

师:根据折线图,我们可以得出,0‰~20‰只是酒精浓度的一定范围,也就是说,在一定浓度范围内,水蚤的心率随着酒精浓度的增加逐渐减慢,酒精浓度越大,对水蚤心率的抑制作用越明显。根据我们今天的实验结果,对我们的生活方式有什么启示?

生:喝酒有害健康……

师(总结):特别是过量饮酒甚至酗酒,是非常危险的,我们一起看酗酒的危害：酒精会损害人的脑、心脏和血管、肝脏、胃等多个器官，尤其是青少年，正在生长发育阶段，酒精对青少年的健康有害、影响智力发育……所以我们要提倡健康的生活方式。

4 "吸烟和酗酒的危害"衔接实验

序号	实验名称	实验说明
实验一	吸烟和酗酒的危害	建议五年级第一学期使用
实验二	过滤嘴能完全滤去焦油吗	建议六年级第二学期使用
实验三	"二手烟"对小鼠的影响	建议六年级第二学期使用
实验四	酒精对水蚤心率的影响	建议八年级第一学期使用

4.1 实验一：吸烟和酗酒的危害

实验成果记录

调查家长的吸烟行为。

调查的对象；_____。

1. 吸烟的数量为 ·· （   ）

A. 每天吸至少 1 包　　　　　　B. 每天吸 1 包以下

C. 偶尔吸烟　　　　　　　　　D. 从不吸烟

2. 在家中吸烟的场所为 ·· （   ）

A. 不分场所　　　　　　　　　B. 不在家里吸烟

C. 只在室内固定地点　　　　　D. 在阳台等室外地点

我认为吸烟行为_____(选填"已经"或"还没有")危害吸烟者自身的健康，_____(选填"已经"或"还没有")危害家人的健康。

调查家长的饮酒习惯。

调查的对象：_____。

1. 饮酒的次数为 ·· （　　）

A. 每天都喝　　　　　　　　　B. 每周喝 2 至 3 次

C. 偶尔喝一点　　　　　　　　D. 从不喝

2. 饮酒的主要种类为 ·· （　　）

A. 啤酒　　　　B. 黄酒　　　　C. 葡萄酒　　　　D. 白酒

3. 每次饮酒的数量为 ·· （　　）

A. 250 mL 以下　　B. 250 mL　　C. 250～500 mL　　D. 500 mL 以上

我认为这种情况_____(选填"算"或"不算")酗酒。

我的发现

我的疑问

4.2 实验二：过滤嘴能完全滤去焦油吗

一、实验目的

验证过滤嘴对过滤焦油的作用。

二、实验过程

洗耳球　　　　　　　　酒精棉球

1. 如上图装配好"吸烟机器"。

2. 先捏瘪洗耳球，再插入中空玻璃管一端，并慢慢松开手指，反复多次。

3. 观察香烟烟雾经过过滤嘴和酒精棉球后的情况。

三、实验现象

1. 香烟烟雾通过棉花后，棉花的颜色有_____变化。

2. 你认为是香烟烟雾中的_____物质造成这种颜色变化。

四、实验结论

1. 过滤嘴_____（选填"能"或"不能"）除去香烟烟雾中的所有焦油。

2. 用过滤嘴吸烟，吸入的香烟烟雾对人体健康_____（选填"无害"或"仍有害"）。

4.3 实验三："二手烟"对小鼠的影响

一、实验目的

认识"二手烟"的危害。

二、实验过程

1. 在两只大广口瓶中各放入一只小鼠。

2.将一支燃着的香烟插入大广口瓶 A 中,大广口瓶 B 做对照。

3.观察小鼠的反应。

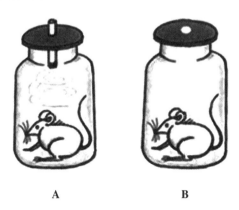

　　　　A　　　　　　　　　　　B

三、实验结果

大广口瓶 A 中的小鼠_____;

大广口瓶 B 中的小鼠_____。

四、实验结论

"二手烟"对健康_____(选填"有"或"无")危害。

4.4 实验四:酒精对水蚤心率的影响

一、实验目的

1.通过观察不同浓度的酒精对水蚤心率的影响,了解科学研究的一般方法,学会做对照实验。

2.通过对实验结果的分析比较,知道酗酒等不良生活方式对健康的影响。

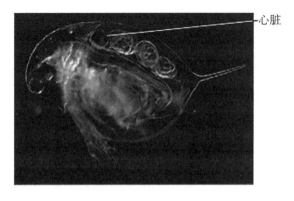

心脏

二、实验器材

水蚤、不同浓度的酒精、载玻片、显微镜、秒表等。

三、实验步骤

1. 测定水蚤在清水中的心率并记录；

2. 测定水藻在不同浓度酒精中的心率并记录。

四、实验结果

小组合作，设计记录实验数据的表格，并将结果填在表中。

五、实验结论

汇总全班同学的实验数据，并填在下表中。

	酒精浓度			
	5％	10％	15％	20％
水蚤心跳次数变化的小组平均值				
水蚤心跳次数变化的班级平均值				

思考1：随着酒精浓度的升高，水蚤的心率发生了怎样的变化？这种变化说明什么问题？

_____

_____

_____

思考 2：为什么在每次测定时，须先测定水蚤在清水中的心率，然后再测定水蚤在不同浓度酒精中的心率？

_____

_____

_____

六、讨论

为什么提倡青少年远离酒类和含酒精的饮料？

第四章

科学类课程实验教学衔接研究后记

第一节　开展跨学科教学活动,助力学生素养发展

随着研究项目的层层推进,在各学科教师不断思辨、交流、研讨中,我似乎感觉课题研究已经非常"丰满"了,但内心总有些飘忽,忽然想起了一句话:

　　　心中醒,口中说,纸上作,不从身上习过,皆无用也。

　　　　　　　　　　　　　　　　　　　　　　　　——(清)颜元

心中便豁然开朗,理论源于实践,高于实践又服务于实践。内容的统整、方法的探讨、策略的研究,正是为了让我们的教学实践成为有源之水,有根之木,有果之花。因此,我申请担任了小学自然教师,让理论在实践中完善,让实践有着与时俱进的理论支撑,循环往复,不断提升。

1 培养学生兴趣,丰富学习体验

刚进入小学课堂,我感受到学生们的热情,但很快发现,部分学生表情冷淡,表现消极,在我心中一股坚定的信念油然而生:兴趣是一种动力,我的自然课堂应引起更多学生的共鸣和兴趣。依据瑞士心理学家皮亚杰提出认知发展阶段理论,认为7～11岁儿童属于具体运算阶段,处于这个阶段的儿童思维脱离不了具体事物或形象的支持。因此,我从教学环境的变化入手,自然课堂从教室延伸到科学实验室、从科学实验室拓展到我们的校园,在校园内,我让学生借助三棱镜来寻找彩虹,根据阳光下自己

的影子来推断太阳的方位,利用树叶来看一看太阳光斑的形状。学生成功时的欢呼、击掌、兴奋、喜悦溢于言表。我觉得学生们喜欢真正意义上的自然课。

当然,环境的变化能激起学生一时的兴趣,而我更多考虑的是要让学生兴趣得以延续,让兴趣成为提升学生科学素养的催化剂。著名教育家苏霍姆林斯基曾说过:"如果教师不想方设法使学生进入情绪高昂和智力振奋的内心状态就急于传授知识,那么这种知识只能使人产生冷漠的态度,而不动情感的脑力劳动就会带来疲倦。"因此,我必须从自身教学方式的改变角度入手,自然课堂不是简单意义上的传道授业,而是培养学生科学能力、素养培养的主阵地。每节课前,设有"问不倒"知识小竞赛,通过即兴抢答的方式复习上一课时的教学内容。对实验的教学,我细化了原先教材上的实验设计,通过分级实验,让不同层次的学生自主选择实验难度,体会成功的喜悦;通过小组比赛,看一看哪一小组的观察更全面,在你追我赶中完善发现;通过信息发布,让每一小组站上讲台,和同学分享成果;满足小学生好动、好说的心理特点。

通过一阶段的努力,我发现:课后走上讲台玩一玩演示实验器材的学生多了;主动与我交流,提出他们心中疑问的学生多了;与我分享课上来不及表达观点的学生多了,这时我露出了欣慰的笑容。

2 注重实验观察,培养探究意识

既然学生内心已经亲近了自然,我们可以"趁热打铁",让实验观察成为学生的习惯,让探究意识逐渐在学生心中萌芽,让自主实践、和谐发展真正落实在自然课堂中。

因此,对一部分教学内容,我增加了实验的开放性,布置长期作业,让学生自主选择实验器材,通过与父母一起上网冲浪,完成小作品的制作。例如,在"杆秤"一课中,虽然学生实验包内提供了相应的实验器材,但是为了激发学生的创造欲望,了解我国测量的历史,我让学生查一查杆秤的结构,做一做杆秤的模型,教一教相关的知识。学生的创造力是无限的,学生想到了用一元硬币、石块等作为秤砣;用裁剪的易拉罐作为秤钩,用棉纱线,甚至扎螃蟹的线做吊线,这样的设计相比于按部就班的实验操作,既促进了学生动手、动脑,又增加了作品的牢固性;还有学生为了防止秤纽和秤钩位置的移动,在这两处刻画了凹槽来定位;也有用烧红的铁丝在塑料可乐瓶底钻孔……虽然学生的作品不一定是完美的,但是百花齐放的学生作品体现了学生思维的过程,培养了学生的探究意识,学生也在选材优化、亲子活动的过程中收获、成长。

又如,研究物体沉浮时,实验室中有限的器材让学生意犹未尽,实验的普遍性在他们心中慢慢耕植,他们不断地提出更多的选材。于是,我将课堂实验加以延伸,让学生在课后尝试自己的设想,进行实验。他们脑洞大开,油、酱、醋、牛奶、洗洁精、老爸的酒、老妈的香水、奶奶的雪花霜都成为他们研究的对象,在班会课上加以交流和展示,出乎意料的是看似同样的材料,通过实验却得到了不同的结果,学生各执一词,以视频、照片为证,从中又衍生出了一场场小型研讨会。小学自然知识已经无法解释疑问,热切的眼神,迫切想知道答案,我顺势告诉他们,你们的疑惑将在中学科学、物理和化学课中得以解惑,请同学们写下你们想知道的问题,保持这份好奇心走进中学课堂,好不好? 齐声声、一个简单的"好"字,让我作为一名物理教师倍感高兴。我内心渐渐感受到在初中生身上必须具备的探究精神、科学素养,在这群小学生身上已慢慢崭露头角。

3 借助联合教研,实现合作共赢

虽然小学《自然》、中学《科学》《物理》教材在教学理念上是一致的,但是在教材结构上存在差异,小学《自然》教材集情景、实验、知识体系于一体。《物理》教材采用课本(教科书)和学本(学习活动卡)相分离的形式,以知识点为核心组织,不仅在培养目标、科学探究的要求上是螺旋式递进的,对一些实验手段、概念的表述也并不一致,因此我意识到,要能在真正意义上实现统整,无缝衔接,我们跨学科、跨学段教师需要更紧密交流,这样小学教师才能意识到中学科学领域课程所需具备的素养;对部分基于学情,可以统一表述,在自然课程教学过程中向中学分科学科的表述靠拢,在一定程度上节约了后续课堂教学的时间。中学教师也要熟知小学自然的教学目标和内容,这样才能有效地利用学生的前置概念,能基于学生已有的实验探究基础,开展适切性教学,实现科学观察与科学本质的衔接,促进科学探究方法的衔接。这样的衔接过程有利于学生感受概念重建的必要性,有利于避免实验过程的"伪探究",有利于学生对结论的深层次研究。

以"杠杆"一课的联合备课为例,我们发现两门学科概念表述、实验操作的差异性,在小学《自然》中杠杆是指像跷跷板这样能绕一个支点上下摆动的杆;在初中《物理》中杠杆是指在力的作用下绕固定点转动的硬棒。小学《自然》中对杠杆的定义重表面现象,关注形象,表达容易被学生理解和接受,不究其原因,无前后因果逻辑关系,符合小学生的认知特点。初中《物理》作为分科课程,定义更专业化,用词更简练。定义中"硬"表示不易发生形变,抓住杠杆的主要特征,忽略次要问题;并且具有因果关系,力是使杠杆发生转动的原因。理解了两者的差异后,基于学生的学情、认知发展规律,我们虽然认为这两个概念并不能归一,不同的学段应体现出学段语言特点,但是通过相互研讨,既提升了小学自然教师的专业水平,同时也让中学物理教师认识到学生已有概念的片面性,中学物理教学正是要将学生片面的理解加以放大,这样才能实现学生知识体系不断更新和充实。

研究的过程虽然是艰辛的,在其中我们也走过了不少的弯路,但是在这过程中我们逐渐实现了学校、教师、学生三方面的齐提升,因此我们认为,我们选择了一条正确的道路,路曼曼其修远兮,吾将继续上下而求索。

第二节　建设合作性学校课程,助力教师课程领导力提升

在本课题的研究中,我校对科学领域课程进行了改革与实践,倾情投入、紧张研究,在此过程中,我们对课程领导力有了再认识。

1 课程——赋予学校生命与活力

在学校发展过程中,我们始终在思考和规划学校的未来发展,特别是在课程改革不断向纵深发展的当下,如何紧跟改革的步伐,适应时代发展对学生发展提出的新要求。最终我们认识到,一切基于课程,通过课程建设,才能为学生提供适切的培养课程,学生的培养目标才能得以实现,而在此过程中学校的特色也得以彰显。有了课程,才有了学校;有了特色课

程,才有了特色学校。课程赋予学校生命与活力。

本课题是源于我校对学生未来发展素养的思考而产生的,基于学校期望提升学生科学素养的培养目标,学校寻找课程问题,发现课程发展点,重点研究科学领域课程的衔接策略,形成具有我校特色的科学领域课程。在此过程中实现了三赢,即学生、教师、学校的发展。

2 课程领导力——赋予课程生命与活力

学校课程始终处于动态发展中,因为时代在进步、社会在发展、学生在变化。因此学校需要具备课程领导力,来推动课程的更新与发展,使其与学校发展愿景相匹配。我们认为,学校课程领导力首先是学校发展愿景的体现,是将学校愿景转化为学校课程理念的能力,也是将学校课程理念转为课程实践的能力,是推动学校课程更新、发展、实施的能力,是实现课程育人目标,体现课程价值和实效的能力。课程领导力可以说赋予学校课程生命与活力。

本课题的研究,让学校中一成不变的中小学科学领域课程焕发了新的活力,呈现了新的面貌,发挥了更大的功能,也让教师产生了新的研究热情、教学的热情。在教师热情的感染下,学生的学习也显露出了新的兴趣与活力。

3 教师课程领导力——彰显学校课程领导力

众所周知,校长的课程领导力是学校课程领导力的核心。然而提升教师的课程领导力可以说是学校课程领导力得以彰显的基石,它是学校课程领导力的大引擎。

在本课题的研究中,我校力图对中小学"分合一体"的科学领域课程,包括小学自然和中学物理、化学、生命科学、科学学科进行纵向统整,使这些课程无缝衔接,厘清这些课程的纵向知识脉络,在大课程的理念下,凸显课程整体优势,提升课程效益,从而提升学生的科学素养。我们对课程的总体设计方向是明确的,但是具体怎么实现还是要依靠教师。我们对科学领域课程的具体内容不了解,对怎样衔接不清楚,这些问题必须要依靠教师来思考和完成。学校对课程进行顶层设计,但在实施层面,最终课程呈现出怎样的面貌,取决于教师的课程领导力。教师的课程领导力决定了课程的最终品质,决定了课程的创新性、科学性、实效性。

我们的研究是白手起家,凭着对科学领域课程美好规划与愿景,我们将蓝图交到学校理化教研组、综合理科教研组教师手中。他们的研究与思考确定了我们以实验为衔接点,进行课程的纵向衔接整合;他们设计的系列实验实现了同一实验在不同年级、不同学科,螺旋式上升,层层深入,达到对学生科学素养阶梯式培养的效果。我们现在所形成的成果《九年一贯科学类课程学生实验手册》(以下简称《学生实验手册》),勾勒出了我校特有的九年一贯的科学领域课程的新面貌,这是由教师勾画和设计的,是我校教师的课程领导力的充分体现。

经过本课题的研究与实践,我们充分意识到提升教师的课程领导力是提升学校课程领导力的重点和难点。说其是重点,教师课程领导力的提升能改进课程实践和学校课程建设,它决定课程的最终品质。说其是难点,是由于教师的知识、层次有其局限性,要使群体教师的课程领导力和课程改革的步伐保持一致,并且调动和培养群体教师的课程设计力、创造力、实施力困难很大。

4 "主角"效应——提升教师课程领导力

教师的课程领导力不足的问题主要有两方面：一是能力不足；二是意识不强。提升教师的课程领导力要变"被动"为"主动"，激发教师主动参与课程建设的意识，发挥教师的主观能动性，才能让教师自愿参与、主动投身，在课程建设的过程中实现课程领导力的自我提升。因此，我们在提升教师课程领导力的过程中，就是让教师成为课程建设的"主角"，发挥"主角"效应。

4.1 "主角"的自我修炼——教师课程领导力的自我提升

1. 问题来自教师——教师参与课程的顶层设计

学校课程改革和建设首先要形成课程文化的认同，要让教师对学校课程总体设计思路有清晰的认识，理解课程设计意图和方案。我们的策略是，充分认同教师在课程建设中的主体地位，让教师参与课程的顶层设计。

我们在进行学校科学领域课程的衔接整合设计之初，就组织了理化教研组、综合理科教研组这两个相关学科组开展了先期调研，了解课程在衔接过程中存在的问题，可以说我们研究的方向是在与教师共同探讨中确定下来的。我们将问卷、访谈的情况摆在教师面前，由于教师参与其中，因此对本项目的研究都有很高的认同感，开展课程研究成为教师共同的愿景，教师自觉投入高强度的研究工作中。

我们最终确定了以实验为衔接点开展课程衔接研究，这个研究点的确立和整个研究方案的设计，都由教师全程参与，共同研讨形成。正是教师们的出谋划策，让我们的研究方案得以具体化，更具有操作性。

2. 问题丢还给教师——教师自主构建与完善课程

课程的具体设计关键还是要靠教师，我们在整个研究过程中每一个步骤都是在与教师共同研究协商中确立的。怎样梳理衔接知识点形成文本？怎样设计衔接实验？课堂教学中如何实施？我们最终形成哪些成果？……可以说是教师们自主构建起了目前的衔接课程。

在整个过程中，教师为了能设计出理想的文本、形成有价值的成果、有效落实于课堂中，主动查找资料、拜访学科专家，进行课堂实践研究，课程的设计力、创造力、实施力不断提升。

我校物理教师李老师，在进行了一轮的课堂实践后，在研讨中就对学校编写的《学生实验手册》提出了衔接实验设计中存在的问题，她发现小学自然学科设计的实验还有改进的空间，主动提出要对衔接实验的物理系列部分进行再改进，并为小学自然、科学学科提出了许多修改建议。我们从她脸上所看到的是兴趣，是兴奋，她感到进行这样的研究很有意义，并非常愿意投入其中，而她同时承担了物理八年级、九年级的教学任务，研究工作占据了她的休息时间，为此她乐此不疲。我们在她的工作中看到的是她对整个义务教育阶段物理系列，包括小学自然、科学学科知识和实验的整体认识和把握的能力，她的课程设计力、创造力、实施力明显提升。

4.2 "主角"的打造——学校创设教师课程领导力提升的环境

1. 全程专业引领

教师开展课程研究的整个过程需要有专业的指导和支撑。我们定期邀请课程专家、市区相关学科教研员来我校为教师进行理论辅导和实践指导，为教师指引方向，提供专业支撑。两周一次的研究会议，学校领导层为教师时时把控方向、提供支持，引导教师科学地开展研究工作。

2.凝聚研究团队

创建学习共同体,为教师突破"成长"困局。为了形成研究团队,学校特别为他们每周空出一节课的时间,让他们每周能有固定时间开展本项目的研究。

3.开展"沉浸式"研修

为了提升教师对课程的整体认识、把控的能力,我们必须让教师对整个中小学科学领域的课程都要十分了解。如果没有这样的大课程理念,是没有办法开展课程衔接研究的。我们依托"沉浸式"研修,帮助教师提升课程领导力。

研读教材和课程标准。我们要求教师对小学《自然》、中学《科学》《物理》《化学》《生命科学》学科的教材和课程标准进行集体研读,让教师对整个科学领域的课程有一个整体认识。

共同研课。我们要求不论哪门学科教师执教公开课,必须进行集体研课。在小学自然教师公开课的准备过程中,科学、化学、物理教师共同听课、研课。通过这种方式,中学部教师对小学自然学科有了更深入的了解,同时他们也从衔接角度为小学自然教师提出了许多意见和建议。

中学部教师沉浸小学课堂。中学教学与小学教学差异性还是很大的,为了增进中学教师对小学自然学科的认识,我们安排了中学物理、化学、科学教师到小学任教自然学科。这样的沉浸方式让教师对小学自然学科达到了真正意义上的理解。也正是通过这样的方式,让我校物理教师对课程衔接产生了新的认识和理解,从而让我们取得的成果更有价值。

在本课题研究过程中,我校最大的收获就是摸索了一套提升教师课程领导力的策略和方法,这对学校持续提升课程领导力有着重要的意义。

第三节　完善衔接性化学实验设计，
助力课程实施精准性提升

化学是一门以实验为基础的学科，同时实验也是学习化学的重要途径。学生通过以探究实验为核心的学习活动，能获得生动的感性知识，能更好地理解新知识和巩固已学知识，同时能促进观察能力、分析能力和解决实际问题能力的全面提高。

我校九年一贯制能体现教育整体性和连续性，特别是有延续地做好有效的中小学实验衔接。在小学自然和中学科学的基础上，进一步培养学生的实验技能是非常重要的。那么，在衔接背景下，怎样的教学设计能帮助学生提高化学实验技能呢？基于此，我们九年级化学教师在教学过程中做了一些探索。

1 衔接背景下制订有效的九年级化学实验目标

1.1 初中化学实验教学总目标

化学实验作为化学教学的重要组成部分，其内容必须为课堂教学目标服务，因此实验目标也是以此制订的。在进行小学自然和初中科学课程的实验教学设计时，可参照化学《义务教育化学课程标准（2022 年版）》对实验部分提出一定的学习要求。化学实验能力不仅是指化学实验基础知识和操作技能,也包括化学方法论的初步知识和体验。在小学自然和中学科学课程的学习阶段,对化学实验的基础知识和操作技能根据教学内容逐步渗透,化学实验能力的培养应贯穿自然、科学和化学教学的全过程。

九年级化学实验活动的总目标为:让学生深入了解科学探究的一般过程,同时获得科学方法的体验,使他们逐步了解化学实验的作用,并形成"化学实验意识"。化学教师在设计实验活动时,应贯彻这一目标,学生在通过实验理解物质性质等知识的同时,还应在他们已有学习的基础上逐步提高化学实验能力。

1.2 不同类别实验教学目标的衔接

九年级化学实验教学可根据实验内容或教学形式两种方法进行分类,不同的实验教学,其目的是不同的,制订目标的侧重点也不同。

根据实验教学内容,可以分为:基本操作实验、物质的性质实验、物质的制备实验、基本概念和基础理论实验、物质含量的测定实验和习题实验。根据实验教学形式,可以分为:演示实验、随堂实验和学生实验。

在衔接背景下,九年级化学教师可以根据学生已有的实验基础,从实验内容和教学形式两方面统筹考虑。

2 九年级化学实验设计教学的组织策略

在中学科学课程中,学生对科学探究有了初步的认识,在教师的指导下,能开展简单的实验探究。在九年级实验探究中,可以将学习的主动权交给学生,是主动性和创新性更强的活动过程。

2.1 进行实验设计需要的基本技能

1. 掌握化学基础知识和化学实验基本操作技能

在小学自然和中学科学课程的学习过程中已经接触了不少仪器,对一些常见仪器的简单使用也能独立进行。九年级化学实验教学中,元素化合物知识是实验药品选择的基础,掌握正确的化学概念和理论是实验的核心。在前期良好的实验基本操作技能的基础上,学生要具备实验装置设计和搭建的必要知识,学生需要根据不同仪器的特性、使用范围和方法进行合理组合,以达到实验效果。

2. 了解化学实验设计的基本步骤

与学生在小学自然和初中科学课程中接触到的实验设计稍有不同,九年级化学实验设计具体步骤可以根据实际情况进行调整:

发现问题,确立实验内容,明确实验目的;

根据实验目标,设计实验方案;

讨论实验方案的合理性;

依据方案进行实验;

根据实验结果,对实验方案进行分析与评价。

3. 具有一定的科学素养和创新能力

实验设计是一个创造的过程,对学生的思维能力要求很高,在小学自然和初中科学课程的教学中只作初步的接触。在九年级化学教学中,教师可以要求学生在模仿和改造的基础上,逐渐尝试独立设计。对要解决的问题,根据不同的实验条件设计不同的方案,即使在相同条件下也能进行不同的设计。例如,在学习催化剂的相关知识后,可以让学生设计实验证明"二氧化锰可以作为过氧化氢溶液分解过程中的催化剂"。

2.2 实验设计教学的有效组织

1.利用某些未曾解决的"衔接点"作为情景引入

在小学自然和初中科学课程的教学中,会预留一些在当时学情下无法完全解决的内容,有一部分要求明确记录在《学生实验手册》中。这些内容本身是值得思考的,在九年级化学教学中再一次提出,教师引导学生进行有效的实验探究。

2.引导学生分析问题,设计实验方案

九年级学生在明确实验目的的基础上,能对教师提出的问题开展分析与讨论,根据实验内容,设计化学实验方案。根据学情,教师可以为学生提供一些仪器或药品,降低难度。

3.组织学生讨论实验方案的可行性

学生在中学科学课程中初步接触过简单的实验设计,九年级学生在设计实验方案时,教师应引导学生从理论应用是否正确、药品的选择是否恰当、装置的搭建和实验方法是否可行、实验结果能否达到预期目的等方面进行讨论,同时组织学生互相讨论和修改,取长补短。

4.依据方案进行实验

实验实施最好采取随堂实验的方法,在学生操作过程中,教师密切注意学生的实验情况,并给予适当指导。同时引导学生观察实验,并及时记录。对操作有一定难度的实验可以采取演示实验的方式。在教师操作时,要告诉学生观察的关键点,并引导学生对实验中可能出现的问题进行思考,分析原因,讨论措施,并及时改进。

5.指导学生对实验方案进行分析与评价

不同于中学科学,九年级化学实验方案完成后,教师要引导学生反思实验方案的优缺点,并对其进行评价。评价内容包括实验步骤和方法是否完善、方案中考虑的内容是否全面、实验内容是否有针对性、实验操作是否正确、实验操作是否简单易行安全可靠、实验药品是否节约和环保、实验成本是否经济合理等。针对不足,可以组织学生讨论如何改进和选择最佳的实验方案。例如,实验室制取二氧化碳的药品选择,让学生根据以上实验的评价内容,在已有知识基础上,选择合适的实验原理,并进行分析与评价。

例如,空气中氧气体积分数的测定,在科学学科中是以教师演示实验的形式出现,仅要求学生学会认真观察,并通过实验数据知道氧气在空气中的体积分数;在九年级化学学科中则要求学生掌握反应原理,可以小组合作设计实验并完成实验,还要对实验误差进行分析,并能提出改进方法。

3　九年级化学实验的拓展

我校九年级学生有着相对良好的实验意识和实验探究能力,化学教师在实验教学中要夯实学生的实验基础,创造学生动手机会,依托教材,渗透过程与方法。化学实验的精髓不只是"做实验",还有"设计实验"。教师可以根据实际教学的需要,对实验进行"拓展",使其能为课堂教学提供更高的效能。

【案例】　　　探究能使带火星的木条复燃的氧气浓度

九年级化学教学中,能使带火星的木条复燃是氧气的重要知识点,也是检验和鉴别氧气的主要方法。那么,能用带火星的木条复燃来检验氧气纯净或判断氧气的浓度吗? 用向上排空气法得到的氧气一定纯净吗? 学生在学习过程中有疑问,教师可以引导学生在已有实验基础上开展探究,不局限于教材,帮助学生学会用科学探究的方法解决实际问题。

① 实验用品

7 只 125 mL 集气瓶、玻璃片、水槽、酒精灯、木条等。

② 实验过程

预先在 7 只容积相同的集气瓶中装入不同体积分数的水和空气,再倒扣在水槽中,用排水法收集氧气,得到不同体积比的氧气和空气的混合气体。以空气中氧气的体积分数约为 21% 进行换算,算出集气瓶中氧气所占的体积比。将带火星的木条分别伸入 7 只不同氧气体积分数的集气瓶中,观察木条的燃烧情况。

③ 实验结果

序号	1	2	3	4	5	6	7
集气瓶中空气体积(%)	30	40	50	60	70	80	90
集气瓶中水体积(%)	70	60	50	40	30	20	10
集气瓶中氧气体积(%)	76.3	68.4	60.3	52.6	44.7	36.8	28.9
带火星的木条复燃情况	复燃	复燃	复燃	复燃	复燃	很亮、不复燃	不复燃

数据说明:集气瓶中预留的水的体积就是排水法收集到纯氧气的体积。集气瓶中氧气的体积是收集到纯氧气体积与集气瓶内空气中所含氧气的体积之和。

④ 实验结论

从实验情况可以看出集气瓶中收集 20% 的纯氧气,即氧气含量为

36.8％时,木条很亮,但没有复燃。实验中大于此比例时,木条全部复燃,小于此比例时都不复燃。因此,能使带火星木条复燃不一定是纯净的氧气,即不能通过木条复燃来判断用向上排空气法收集到的一定是纯净的氧气。

在不改变核心目标的前提下,九年级化学教师要充分发挥自己在教学设计中的主体性,根据学情,对实验内容进行适当拓展,加深学生的理解。

衔接背景下九年级化学可以有很多优势,教师根据学生的实际水平设置合理的梯度,学生能更好地接受化学探究实验学习方式,处理好实验与知识和技能学习的关系,注重实验中知识的运用,有效提升学生的实验技能和思维能力。

后　　记

　　本项目研究是上海市黄浦区教育学院附属中山学校在新时代对进一步深化学校内涵发展的一个探索和回应。20 世纪 90 年代，根据当时的学生特点我校提出了"学生动手实践能力的培养"这一办学目标，以劳技教育作为特色创建的突破口，打造了系列校本劳技课程，并取得了丰硕的成果，成为黄浦区劳技实践基地，开启了学校以"实践"为特色的校本课程的建设之路。进入 21 世纪后，随着教育改革的不断推进，我校生源特点发生了转变。自 2001 年起，我校开始实施以"学生实践能力培养"为主题的办学实验和课程研究，扩大了学生实践能力培养的内涵和外延，进一步凸显我校的办学特色，初具了"实践教育"的办学雏形。通过几年的努力，我校建成了陶瓷艺术、科技创新、模型制作、业余电台、机器人实验室等五个创新实验室，学生在艺术、科技领域中的实践能力和创新精神培养取得明显成效。随着时代的发展，我校又面临如何在传承中进一步发展的内涵思考。

　　2010 年，我校提出"自主实践、和谐发展"的办学理念，学校以"实践"为核心的课程文化逐渐渗透到学校各类课程中。作为上海市课程改革实验基地，十余年来我校参加了上海市两轮课程领导力项目，学校特色课程建设获得长足发展。正是在这样一次次的改革探索中，我校逐渐明晰了发展方向，找到了课程迭代的突破口。我校开展了上海市第二轮课程领导力项目"九年一贯学校以实验为特色的科学类课程群统整的行动研究"

的研究,历经三年取得了一系列课程改革成果,并获得上海市黄浦区第十三届教育科研成果一等奖,本书就是该项目的研究成果。

给我们的最大启示是,课程研究要以学生为中心。本项目起源于我校对学生科学素养培养现状的调研。当时我校对3~8年级共631名学生展开了问卷调查,调查结果显示了诸多问题,让我们认识到学校科学类课程实施效果不够理想,让我们认识到"合分一体"的中小学科学课程的衔接并不"无缝",整体课程优势并没有得到显现,反而由于年段的不同、学科的不同而造成在课程实施过程中存在许多衔接问题。为了探寻解决之道,我们开始以课题研究为载体,开启了学校对九年一贯科学类课程群建设的研究,并取得非常满意的效果,课程的统整确实为学生科学素养的循序培养提供了高效路径,丰富了学生的课程体验,为提升学生的科学素养搭建了稳健的阶梯。课程的运行结果受到学生、教师、家长、专家的肯定和赞扬。今回首,我想我们做对的第一件事就是了解了学生的真实需求。只有以学生为中心,才能把准研究的方向,解决真实问题,取得真实效果。

在整个研究过程中,我们还坚持以教师为主体,发挥教师的主观能动性。在整个研究过程中我们始终关注教师的真实反馈,问计于教师,协商共议,让我们的研究成果能真正为教师认可,为教师所用,而不是成为研究和工作的文本成果。经历三年的研究,我们见证了教师的专业成长,看到教师课程观念的转变,感受到教师的课程实施能力的提升。取得教师的专业发展和学校课程迭代发展的双赢。

我们以实验为主线、以统整为抓手的系列研究,成功打破了学科壁垒和学段壁垒,发挥了课程群的整体优势,创新了学生科学素养的培养途径,可以说为九年一贯制学校及学区化办学打通中小学课程壁垒,提供了一条新的路径,为中小学科学类课程的统整提供了一个实践范本,这让我们的研究更有价值和意义。

感谢周峰、周洲、速婉莹、毛万霞、郑富、袁英、厉敏娜、季海香、李卫红、孙唯宸、庞文秀、赵丽华、万慧、姜琳、刘莉、刘中原等老师在项目研究过程中的努力和付出，是你们的团结协作成就了本书的成果。感谢项目研究过程中所有专家给予我们的无私帮助，引领我们朝着正确的方向前进。感谢上海教育出版社对本书出版的大力支持，使我们的成果能被更多的同行分享，让它更具意义和价值。

编　者

2024 年 8 月